课书房 | **新形态教材**

高等职业教育旅游类专业系列教材

旅游市场营销

LÜYOU SHICHANG YINGXIAO

◎主 编 姜 庆

◎副主编 何亮辰 方 美 万 黎

　　　　　王静思 李正佐

重庆大学出版社

内容提要

本书紧紧围绕发展新质生产力、培养高素质旅游人才的目标，对接旅游管理、酒店管理与数字化经营等专业教学标准和"1+X"职业能力评价标准，选择项目案例，结合工作实际中需要解决的问题，以项目为纽带、任务为载体、工作过程为导向，科学组织教材内容，进行内容模块化处理，注重课证融通与实践有机衔接，开发工作页式的工单，形成多元多维、全时全程的评价体系，配套开发丰富的数字化资源，编写成了活页式教材。

本书分为课程导入、旅游市场分析、旅游营销战略分析、旅游市场营销策略制定、客户关系管理五大模块。本书以工作页式的工单为载体，强化项目导学、自主探学、合作研学、展示赏学、检测评学，在课程革命、学生地位革命、教师角色革命、课堂革命、评价革命等方面全面改革。

本书适合作为高等职业院校市场营销、旅游管理、酒店管理与数字化运营等专业的教材。

图书在版编目（CIP）数据

旅游市场营销 / 姜庆主编 . -- 重庆：重庆大学出版社 , 2024.8
高等职业教育旅游类专业系列教材
ISBN 978-7-5689-4243-0

Ⅰ . ①旅… Ⅱ . ①姜… Ⅲ . ①旅游市场—市场营销学—高等职业教育—教材 Ⅳ . ① F590.82

中国国家版本馆 CIP 数据核字（2023）第 251628 号

旅游市场营销

主 编 姜 庆
副主编 何亮辰 方 美 万 黎
王静思 李正佐
责任编辑：顾丽萍　　版式设计：顾丽萍
责任校对：谢 芳　　责任印制：张 策

*

重庆大学出版社出版发行
出版人：陈晓阳
社址：重庆市沙坪坝区大学城西路21号
邮编：401331
电话：（023）88617190　88617185（中小学）
传真：（023）88617186　88617166
网址：http://www.cqup.com.cn
邮箱：fxk@cqup.com.cn（营销中心）
全国新华书店经销
重庆正文印务有限公司印刷

*

开本：787mm×1092mm　1/16　印张：14　字数：301千
2024年8月第1版　2024年8月第1次印刷
ISBN 978-7-5689-4243-0　定价：49.00元

　　"旅游市场营销"课程是高等职业教育旅游管理专业的一门核心课程。为建设好该课程，编者认真研究专业教学标准和"1+X"职业能力评价标准，联合企业确定了岗位（群）的职业能力及需求。根据专业人才培养质量标准中的素养、知识和能力要求，以学生为中心，以立德树人为根本，强调知识、能力、思政目标并重，构建了校企合作的结构化课程开发团队；以企业项目案例为载体，任务辅助、工作过程为导向，进行课程内容模块化处理；以"项目＋任务"的方式，开发工作页式的工单，注重课程之间的相互融通及理论与实践的有机衔接，形成了丰富的评价体系，并结合现代信息技术，开发了丰富的数字化教学资源，编写成了活页式教材。

　　本书以工作页式的工单为载体，强化项目导学、自主探学、合作研学、展示赏学、检测评学，在课程革命、学生地位革命、教师角色革命、课堂革命、评价革命等方面全面改革。在评价体系中以立德树人为根本，素质教育为核心，突出高等职业教育旅游人才实际操作能力的培养，并引导、激发学生的创新与发展能力，提升学生可持续发展的潜力。

　　本书由姜庆老师担任主编，制订编写大纲，编写了主要内容；由何亮辰、方美、万黎、王静思四位老师和李正佐董事长担任副主编，参与了教材的讨论修改；胥秀文、锋琳、赵太萍、于浣、白鑫、唐梦莹、唐茜茜、李麦泥、高运荣参与了教材编写、资料收集和文字处理工作；郝燕、侯素清、沈锦指导营销工作流程。

　　感谢成渝地区双城经济圈文化和旅游产教联盟各位领导与专家的悉心指导。感谢雅安文化旅游集团有限责任公司、四川省童蒙雅正文旅集团有限公司指导帮助。感谢重庆大学出版社在编辑、出版和发行方面给予了大力支持。

　　对于书中的疏漏之处，恳请读者批评指正。

编　者

2024 年 4 月

目 录
Contents

模块一 课程导入

项目一
课程定位

任务　课程认知

一、任务描述

掌握旅游市场营销应该具备的知识，完成课程框架思维导图。

二、学习目标

1. 知识目标

（1）掌握课程的性质。

（2）掌握课程在人才培养中的定位。

2. 能力目标

（1）能理解旅游市场营销的内涵。

（2）能理解本课程在专业人才培养中的定位。

3. 素质素养目标

（1）培养全局意识、大局意识。

（2）培养创新意识。

（3）培养文化自信。

三、重难点

1. 重点

课程性质认知。

2. 难点

本课程在人才培养中的定位。

视频　课程认知

四、相关知识链接

高职高专旅游管理专业主要面向旅游产品设计、旅游管理、旅游规划等岗位，为上述岗位培养高素质技术技能型人才。

旅游市场营销是一门建立在旅游学、经济学、行为学和现代管理理论基础上的应用科学，是旅游管理、酒店管理等专业的必修课程；是旅游管理类专业岗位能力模块课程，是旅游管理专业核心课程。该课程既向学生提供旅游市场营销的相关基础知识，又力图培养学生分析问题和解决问题的实践能力，兼具全面系统的理论性和较强的实践性。

市场营销无处不在，市场营销的技术及方法是当前旅游企业和旅游目的地发展的重要手段。旅游市场营销课程旨在培养学生树立正确的旅游市场营销理念，初步建立起基本的旅游市场营销思维，能够理论联系实际，利用科学的方法解决旅游目的地开发实践和旅游企业经营管理中的问题。

基于以上教学主线，旅游市场营销的教学设计主要包括以下 4 个方面。

（1）旅游市场营销成功与否，离不开对市场环境、旅游者的调查与分析，所谓知己知彼，方能百战不殆。因此，需要认识旅游市场营销环境、旅游者购买行为，需要学会收集旅游市场信息、预测需求和营销调研。

（2）制定旅游市场营销战略。知己知彼后，就要具体实施旅游市场营销策略，但策略的实施需要战略上的指导。旅游市场营销战略包括旅游市场 STP 战略（市场分析、目标市场选择和市场定位）、旅游市场竞争战略、旅游市场营销战略组合等。

（3）在正确有效的战略指导下，围绕 4P 理论，提出实现顾客满意的营销策略，即旅游产品策略、旅游产品价格策略、旅游营销渠道策略、旅游促销策略。

（4）与时俱进，围绕社会新的发展理念和新技术，进行客户管理与创新。

学习旅游市场营销课程前先学习管理学、统计学基础、旅游学概论、旅游消费者行为学等课程。

旅游市场营销课程可与市场营销岗位、大学生职业技能大赛、"1+X"证书融合。

五、任务分组

学生任务分配表

班级		组号		指导教师	
组长		学号			
组员	姓名	学号		姓名	学号

续表

	姓名	学号	姓名	学号
组员				
任务分工				

六、自主探究

工作任务单

组号：_____　姓名：_____　学号：_____　检索号：__1116-1__

引导问题：

（1）谈谈你对旅游市场营销课程的认识。

_____

_____

（2）学好该课程，对以后的工作有何支撑作用？

_____

_____

（3）画出旅游市场营销课程模块思维导图。

七、合作研学

组号：_____　姓名：_____　学号：_____　检索号：__1117-1__

引导问题：

（1）小组交流讨论，教师参与，优化课程模块思维导图。

（2）记录自己存在的不足。

_____

_____

八、展示赏学

工作任务单

组号：_____　姓名：_____　学号：_____　检索号：__1118-1__

引导问题：

每个小组推荐一位小组长，汇报思维导图，借鉴每组经验，进一步优化思维导图。

九、评价反馈

组号：_____ 姓名：_____ 学号：_____ 检索号： __1119-1__

个人自评表

班级		组名		日期	年　月　日
评价指标	评价内容			分数	分数评定
信息检索能力	能有效利用网络、图书资源查找有用的相关信息等，能将查到的信息有效地传递到学习中			10分	
感知课堂生活	熟悉营销岗位，认同营销工作价值；在学习中 能获得满足感，认同课堂文化			10分	
参与态度	积极主动与老师、同学交流，相互尊重、理解、平等；与老师、同学之间能够保持多向、丰富、适宜的信息交流			20分	
沟通交流	能处理好合作学习和独立思考的关系，做到有效学习；能提出有意义的问题或能发表个人见解			10分	
对课程的认识	课程主要培养的能力			20分	
	课程主要传授的知识			10分	
思维态度	能发现问题、提出问题、分析问题、解决问题、创新问题			10分	
自评反馈	按时按质完成任务，较好地掌握了知识点，具有较强的信息分析能力和理解能力，具有较为全面、严谨的思维能力，并能条理清楚、明晰地表述成文			10分	
自评分数					
有益的经验和做法					
总结反馈建议					

组号：_____ 姓名：_____ 学号：_____ 检索号： __1119-2__

小组内互评验收表

验收组长		组名		日期	年　月　日
组内验收成员					

任务要求	能正确写出课程主要培养的能力，能正确写出课程传授的知识，能绘制课程框架思维导图		
验收文档清单	被验收者 1116-1 工作任务单 被验收者 1117-1 工作任务单 文献检索清单		
验收评分	**评分标准**	**分数**	**得分**
	能正确写出课程主要培养的能力，错 1 处扣 5 分	20 分	
	能正确写出课程传授的知识，错 1 处扣 5 分	30 分	
	能绘制课程框架思维导图，错 1 处扣 2 分	30 分	
	提供文献检索清单，少于 5 项，缺 1 项扣 4 分	20 分	
	评价分数		
不足之处			

工作任务单 3

被评组号：_____　　检索号：__1119-3__

小组间互评表

班级		评价小组		日期	年　月　日
评价指标	**评价内容**			**分数**	**分数评定**
汇报表述	表述准确			15 分	
	语言流畅			10 分	
	准确反映该组完成情况			15 分	
内容 正确度	内容正确			30 分	
	句型表达到位			30 分	
	互评分数				
简要评述					

模块二

旅游市场分析

项目二

旅游市场调查

任务一　调查问卷设计

一、任务描述

对所在学校的大学生旅游市场进行调查，设计一份市场营销调查问卷，了解大学生的旅游需求，为本校大学生旅游产品设计提供依据。

二、学习目标

1. 知识目标

（1）掌握旅游市场调查的方法。

（2）掌握旅游市场调查的内容。

2. 能力目标

（1）能正确选择旅游市场调查的方法。

（2）能根据调查目的设计旅游市场调查问卷。

3. 素质素养目标

（1）培养严谨的工作作风、工作态度。

（2）培养实事求是的精神。

三、重难点

1. 重点

旅游市场调查的方法和内容。

2. 难点

旅游市场调查问卷的设计。

视频　调查问卷设计

四、相关知识链接

旅游市场调查的方法和内容

旅游市场调查问卷设计

五、任务分组

学生任务分配表

班级		组号		指导教师	
组长		学号			
组员	姓名	学号		姓名	学号
任务分工					

六、自主探究

工作任务单

组号：_____　　姓名：_____　　学号：_____　　检索号：___2116-1___

引导问题：

（1）列出常用的旅游市场调查方法。

_____

_____

（2）旅游市场调查问卷的内容。

_____

_____

（3）旅游市场调查问卷设计的注意事项。

七、合作研学

组号：_____ 姓名：_____ 学号：_____ 检索号：__2117-1__

引导问题：

（1）大学生是整体旅游市场中的一个细分市场，他们有一定的知识积累和文化素养，易接受新事物，有充裕的闲暇时间，在家庭经济、勤工俭学的支持下，旅游动机十分强烈，市场潜力巨大。请为所在学校的大学生旅游市场设计一份调查问卷，了解大学生的旅游需求，为大学生旅游产品设计提供依据。

_____

_____

（2）小组交流讨论，教师引导，优化调查问卷。

_____

_____

八、展示赏学

工作任务单

组号：_____ 姓名：_____ 学号：_____ 检索号：__2118-1__

引导问题：

每个小组推荐一位小组长，汇报旅游市场营销调查问卷设计思路，借鉴每组经验，优化调查问卷。

_____

_____

九、评价反馈

工作任务单 1

组号：_____　姓名：_____　学号：_____　检索号：<u>2119-1</u>

个人自评表

班级		组名		日期	年　月　日
评价指标	评价内容			分数	分数评定
信息检索能力	能有效利用网络、图书资源查找有用的相关信息等，能将查到的信息有效地传递到学习中			10分	
感知课堂生活	熟悉调查问卷工作；在学习中能获得满足感，认同课堂文化			10分	
参与态度	积极主动与老师、同学交流，相互尊重、理解、平等；与老师、同学之间能够保持多向、丰富、适宜的信息交流			10分	
沟通交流	能处理好合作学习和独立思考的关系，做到有效学习；能提出有意义的问题或能发表个人见解			10分	
知识能力获得	能列出常用的旅游市场调查的方法			10分	
	能写出旅游市场调查的内容			10分	
	能列出旅游市场调查问卷设计的注意事项			10分	
	能拟出合理的调查问卷问题			10分	
思维态度	能发现问题、提出问题、分析问题、解决问题、创新问题			10分	
自评反馈	按时按质完成任务，较好地掌握了知识点，具有较强的信息分析能力和理解能力，具有较为全面、严谨的思维能力，并能条理清楚、明晰地表述成文			10分	
自评分数					

续表

有益的经验和做法	
总结反馈建议	

工作任务单 2

组号：_____ 姓名：_____ 学号：_____ 检索号：__2119-2__

小组内互评验收表

验收组长		组名		日期	年　月　日
组内验收成员					
任务要求	能列出常用的旅游市场调查的方法，能写出旅游市场调查的内容，能列出旅游市场调查问卷设计的注意事项，能拟出合理的调查问卷问题，形成一份规范、完整的调查问卷				
验收文档清单	被验收者 2116-1 工作任务单 被验收者 2117-1 工作任务单				
	一份规范、完整的调查问卷				
验收评分	评分标准			分数	得分
	能列出常用的旅游市场调查的方法，错 1 处扣 5 分			20 分	
	能正确写出旅游市场调查的内容，错 1 处扣 5 分			20 分	
	能列出旅游市场调查问卷设计的注意事项，错 1 处扣 5 分			20 分	
	能拟出合理的调查问卷问题，1 个得 10 分			20 分	
	形成一份规范、完整的调查问卷			20 分	
评价分数					
不足之处					

工作任务单 3

被评组号：_____　　检索号：__2119-3__

小组间互评表

班级		评价小组		日期	年　月　日
评价指标	评价内容			分数	分数评定
汇报表述	表述准确			15分	
	语言流畅			10分	
	准确反映该组完成情况			15分	
内容正确度	内容正确			30分	
	句型表达到位			30分	
互评分数					
简要评述					

工作任务单 4

组号：_____　姓名：_____　学号：_____　检索号：__2119-4__

任务完成情况评价表

任务名称		销售渠道选择		总得分		
评价依据	学生完成的 2116-1 工作任务单；学生完成的 2117-1 工作任务单；学生完成的 2118-1 工作任务单；学生完成的 2119-1 工作任务单					
序号	任务内容及要求		配分	评分标准	教师评价	
					结论	得分
1	能列出常用的旅游市场调查的方法	（1）描述准确	5分	缺1个要点扣1分		
		（2）语言流畅	5分	酌情赋分		

续表

序号	任务内容及要求		配分	评分标准	教师评价	
					结论	得分
2	能写出旅游市场调查的内容	（1）描述准确	5分	缺1个要点扣1分		
		（2）语言流畅	5分	酌情赋分		
3	能列出旅游市场调查问卷设计的注意事项	（1）描述准确	10分	缺1个要点扣2分		
		（2）语言流畅	10分	酌情赋分		
4	能拟出合理的调查问卷问题	（1）语言表达艺术合理	10分	酌情赋分		
		（2）问题符合调查目标的要求	10分	酌情赋分		
5	形成一份规范、完整的调查问卷	（1）排版合理、格式规范	15分	酌情赋分		
		（2）问题有针对性、数量合理	15分	酌情赋分		
6	素质素养评价	（1）沟通交流能力	10分	酌情赋分，但违反课堂纪律，不听从组长、教师安排的，不得分		
		（2）团队合作				
		（3）课堂纪律				
		（4）合作探学				
		（5）自主研学				
		（6）培养全局思维、大局意识				
		（7）培养全方位、多角度分析问题的能力				
		（8）培养诚实守信的意识				

任务二　调查实施

一、任务描述

向所在学校的大学生发放并回收旅游市场营销调查问卷，完成问卷有效性分析。

二、学习目标

1. 知识目标

（1）旅游市场调查工作流程。

（2）问卷的发放途径。

（3）旅游市场调查问卷回收方法。

2. 能力目标

（1）能组织实施旅游市场调查。

（2）能高效回收旅游市场调查问卷。

（3）能对回收问卷进行有效性分析。

3. 素质素养目标

（1）培养严谨的工作作风、工作态度。

（2）培养实事求是的精神。

三、重难点

1. 重点

调查问卷的实施。

2. 难点

调查问卷的有效性分析。

视频　调查实施

四、相关知识链接

问卷调查的实施	调查问卷的有效性分析

五、任务分组

学生任务分配表

班级		组号		指导教师	
组长		学号			
组员	姓名	学号	姓名	学号
任务分工				

六、自主探究

工作任务单 1

组号：_____ 姓名：_____ 学号：_____ 检索号：___2126-1___

引导问题：

（1）画出旅游市场问卷调查工作的流程图。

（2）列出旅游市场调查问卷回收的方法。

_____

_____

工作任务单 2

组号：_____　姓名：_____　学号：_____　检索号：___2126-2___

引导问题：

对问卷进行有效性分析。

_____

_____

七、合作研学

工作任务单

组号：_____　姓名：_____　学号：_____　检索号：___2127-1___

引导问题：

（1）小组交流讨论问卷有效性分析的手段，教师引导，剔除无效问卷。

_____

_____

（2）记录自己存在的不足。

_____

_____

八、展示赏学

工作任务单

组号：_____　姓名：_____　学号：_____　检索号：___2128-1___

引导问题：

　　每个小组推荐一位小组长，汇报旅游市场营销调查问卷发放的途径、回收情况及问卷有效性分析结果，借鉴每组经验，进一步提升数据收集、处理的能力。

_____

_____

九、评价反馈

工作任务单1

组号：_____ 姓名：_____ 学号：_____ 检索号：<u>2129-1</u>

个人自评表

班级		组名		日期	年　月　日
评价指标	评价内容			分数	分数评定
信息检索能力	能有效利用网络、图书资源查找有用的相关信息等，能将查到的信息有效地传递到学习中			10分	
感知课堂生活	熟悉旅游市场调查问卷工作的实施流程；在学习中能获得满足感，认同课堂文化			10分	
参与态度	积极主动与老师、同学交流，相互尊重、理解、平等；与老师、同学之间能够保持多向、丰富、适宜的信息交流			10分	
沟通交流	能处理好合作学习和独立思考的关系，做到有效学习；能提出有意义的问题或能发表个人见解			10分	
知识能力获得	画出旅游市场问卷调查工作流程图			10分	
	列出旅游市场调查问卷回收的方法			10分	
	熟悉调查问卷有效性分析的常用工具			10分	
	能自主运用工具进行问卷有效性分析			10分	
思维态度	能发现问题、提出问题、分析问题、解决问题、创新问题			10分	
自评反馈	按时按质地完成任务，较好地掌握了知识点，具有较强的信息分析能力和理解能力，具有较为全面、严谨的思维能力，并能条理清楚、明晰地表述成文			10分	
自评分数					
有益的经验和做法					
总结反馈建议					

工作任务单 2

组号：＿＿＿＿＿　姓名：＿＿＿＿＿　学号：＿＿＿＿＿　检索号：＿2129-2＿

小组内互评验收表

验收组长		组名		日期	年　月　日
组内验收成员					
任务要求	画出旅游市场问卷调查工作流程图，列出旅游市场调查问卷回收的方法，熟悉调查问卷有效性分析的常用工具，能自主运用工具进行问卷有效性分析				
验收文档清单	被验收者 2126-1 工作任务单 被验收者 2127-1 工作任务单				
	文献检索清单				
验收评分	**评分标准**			**分数**	**得分**
	画出旅游市场问卷调查工作流程图，错 1 处扣 5 分			20 分	
	列出旅游市场调查问卷回收的方法，错 1 处扣 5 分			20 分	
	熟悉调查问卷有效性分析的常用工具，错 1 处扣 5 分			20 分	
	能自主运用工具进行问卷有效性分析			20 分	
	提供文献检索（资料查找）清单，不少于 5 项，缺 1 项扣 4 分			20 分	
	评价分数				
不足之处					

工作任务单 3

被评组号：＿＿＿＿＿＿＿＿＿＿＿＿＿＿＿＿＿＿＿＿　检索号：＿2129-3＿

小组间互评表

班级		评价小组		日期	年　月　日
评价指标	**评价内容**			**分数**	**分数评定**
汇报表述	表述准确			15 分	
	语言流畅			10 分	
	准确反映该组完成情况			15 分	

续表

评价指标	评价内容	分数	分数评定
内容 正确度	内容正确	30分	
	句型表达到位	30分	
互评分数			
简要评述			

工作任务单 4

组号：_____　　姓名：_____　　学号：_____　　检索号：__2129-4__

任务完成情况评价表

任务名称	销售渠道选择			总得分		
评价依据	学生完成的 2126-1 工作任务单；学生完成的 2127-1 工作任务单；学生完成的 2128-1 工作任务单；学生完成的 2129-1 工作任务单					

序号	任务内容及要求		配分	评分标准	教师评价	
					结论	得分
1	画出旅游市场问卷调查工作流程图	（1）描述准确	10分	缺1个要点扣1分		
		（2）语言流畅	10分	酌情赋分		
2	列出旅游市场调查问卷回收的方法	（1）描述准确	10分	缺1个要点扣1分		
		（2）语言流畅	10分	酌情赋分		
3	熟悉调查问卷有效性分析的常用工具	（1）描述准确	10分	缺1个要点扣2分		
		（2）语言流畅	10分	酌情赋分		
4	能自主运用工具进行问卷有效性分析	（1）操作熟练	10分	缺1个要点扣2分		
		（2）可视化结果美观、原创	10分	酌情赋分		

序号	任务内容及要求		配分	评分标准	教师评价	
					结论	得分
5	至少包含5项文献检索（资料查找）目录清单	（1）数量	5分	少1项扣1分		
		（2）参考的主要内容要点	5分	酌情赋分		
6	素质素养评价	（1）沟通交流能力	10分	酌情赋分，但违反课堂纪律，不听从组长、教师安排的，不得分		
		（2）团队合作				
		（3）课堂纪律				
		（4）合作探学				
		（5）自主研学				
		（6）培养全局思维、大局意识				
		（7）培养全方位、多角度分析问题的能力				
		（8）培养诚实守信的意识				

任务三　调查分析

一、任务描述

对回收的有效问卷进行数据可视化分析，形成可视化分析报告。

二、学习目标

1.知识目标

（1）了解数据可视化分析的意义。

（2）熟悉调查问卷数据可视化分析的常用工具。

2.能力目标

（1）能熟练运用数据可视化分析工具。

（2）能对调查问卷进行数据可视化分析。

3. 素质素养目标

（1）培养严谨的工作作风、工作态度。

（2）培养实事求是的精神。

三、重难点

1. 重点

数据可视化常用工具。

2. 难点

数据可视化分析。

视频　调查分析

四、相关知识链接

数据可视化常用工具

数据可视化分析

五、任务分组

学生任务分配表

班级		组号		指导教师	
组长		学号			
组员	姓名	学号		姓名	学号

任务分工	

六、自主探究

组号：_____　　姓名：_____　　学号：_____　　检索号：　2136-1　

引导问题：

（1）列出问卷调查数据可视化分析的常用工具。

_____

_____

（2）列出常用的数据可视化图表类型。

_____

_____

工作任务单 2

组号：_____　　姓名：_____　　学号：_____　　检索号：　2136-2　

引导问题：

选择恰当的工具进行数据可视化分析，并形成分析报告。

_____

_____

七、合作研学

工作任务单

组号：_____　　姓名：_____　　学号：_____　　检索号：　2137-1　

引导问题：

（1）小组交流讨论，教师引导，优化数据可视化处理方式。

_____

_____

（2）记录自己存在的不足。

_____

_____

八、展示赏学

工作任务单

组号：_____   姓名：_____   学号：_____   检索号：__2138-1__

引导问题：

每个小组推荐一位小组长，汇报旅游市场营销调查问卷数据可视化分析结论，借鉴每组经验，进一步提升数据分析、处理的能力。

_____

_____

九、评价反馈

工作任务单 1

组号：_____   姓名：_____   学号：_____   检索号：__2139-1__

个人自评表

班级		组名		日期	年　月　日
评价指标	评价内容			分数	分数评定
信息检索能力	能有效利用网络、图书资源查找有用的相关信息等，能将查到的信息有效地传递到学习中			10分	
感知课堂生活	熟悉调查问卷数据分析工作；在学习中能获得满足感，认同课堂文化			10分	
参与态度	积极主动与老师、同学交流，相互尊重、理解、平等；与老师、同学之间能够保持多向、丰富、适宜的信息交流			10分	
沟通交流	能处理好合作学习和独立思考的关系，做到有效学习；能提出有意义的问题或能发表个人见解			10分	

续表

评价指标	评价内容	分数	分数评定
知识能力获得	列出调查问卷数据可视化分析的常用工具	10分	
	列出常用的数据可视化图表类型	10分	
	能区别不同数据类型适用的图表类型	10分	
	能自主运用工具进行数据可视化分析	10分	
思维态度	能发现问题、提出问题、分析问题、解决问题、创新问题	10分	
自评反馈	按时按质地完成任务，较好地掌握了知识点，具有较强的信息分析能力和理解能力，具有较为全面、严谨的思维能力，并能条理清楚、明晰地表述成文	10分	
自评分数			
有益的经验和做法			
总结反馈建议			

工作任务单2

组号：＿＿＿＿＿　姓名：＿＿＿＿＿　学号：＿＿＿＿＿　检索号：＿2139-2＿

小组内互评验收表

验收组长		组名		日期	年　月　日
组内验收成员					
任务要求	列出调查问卷数据可视化分析的常用工具，列出常用的数据可视化图表类型，能区别不同数据类型适用的图表类型，能自主运用工具进行数据可视化分析，形成调查问卷数据可视化分析报告				
验收文档清单	被验收者2136-1工作任务单 被验收者2137-1工作任务单				
	形成调查问卷数据可视化分析报告				

续表

评分标准	分数	得分
列出调查问卷数据可视化分析的常用工具，少1个扣5分	20分	
列出常用的数据可视化图表类型，少1个扣5分	20分	
能区别不同数据类型适用的图表类型，错1处扣5分	20分	
能自主运用工具进行数据可视化分析，1个可视化分析结果（原创）得10分	20分	
形成格式规范、排版美观、图文并茂的数据可视化分析报告	20分	
评价分数		
不足之处		

注：验收评分位于"评分标准"左侧纵向合并单元格

工作任务单3

被评组号：＿＿＿＿＿＿＿＿＿＿＿＿＿＿＿＿＿＿　　检索号：＿＿2139-3＿＿

小组间互评表

班级		评价小组		日期	年　月　日
评价指标	评价内容			分数	分数评定
汇报表述	表述准确			15分	
	语言流畅			10分	
	准确反映该组完成情况			15分	
内容正确度	内容正确			30分	
	句型表达到位			30分	
互评分数					
简要评述					

工作任务单 4

组号：_____　姓名：_____　学号：_____　检索号：　2139-4

任务完成情况评价表

任务名称	销售渠道选择			总得分	
评价依据	学生完成的 2136-1、2136-2 工作任务单，学生完成的 2137-1 工作任务单，学生完成的 2138-1 工作任务单，学生完成的 2139-1 工作任务单				

序号	任务内容及要求		配分	评分标准	教师评价	
					结论	得分
1	列出调查问卷数据可视化分析的常用工具	（1）描述准确	10分	少1个扣2分		
		（2）语言流畅	10分	酌情赋分		
2	列出常用的数据可视化图表类型	（1）描述准确	10分	少1个扣2分		
		（2）语言流畅	10分	酌情赋分		
3	能区别不同数据类型适用的图表类型	（1）描述准确	10分	错1处扣2分		
		（2）语言流畅	10分	酌情赋分		
4	能自主运用工具进行数据可视化分析	（1）操作熟练	10分	1个可视化图表5分		
		（2）可视化图表美观、原创	10分	酌情赋分		
5	形成数据可视化分析报告	（1）格式规范、排版美观	5分	酌情赋分		
		（2）图文并茂	5分	酌情赋分		
6	素质素养评价	（1）沟通交流能力	10分	酌情赋分，但违反课堂纪律，不听从组长、教师安排的，不得分		
		（2）团队合作				
		（3）课堂纪律				
		（4）合作探学				
		（5）自主研学				
		（6）培养全局思维、大局意识				
		（7）培养全方位、多角度分析问题的能力				
		（8）培养诚实守信的意识				

项目三
旅游营销环境分析

任务一　旅游宏观环境分析

一、任务描述

选定学校所在地周边一旅游企业（或旅游目的地），多渠道收集其旅游市场营销宏观环境数据，完成旅游市场宏观环境分析报告。

二、学习目标
1.知识目标
掌握旅游市场营销宏观环境分析的内容。
2.能力目标
（1）能通过多种渠道收集旅游市场营销宏观环境数据。
（2）能对旅游市场营销宏观环境进行分析。
3.素质素养目标
（1）培养踏实、稳重的学习、工作作风。
（2）培养多维度思考、解决问题的态度。

三、重难点
1.重点
宏观环境数据收集渠道。
2.难点
宏观环境分析的内容。

视频　旅游宏观环境分析

四、相关知识链接

旅游市场营销宏观环境　　宏观环境数据收集渠道　　高端度假型酒店市场
　　　　　　　　　　　　　　　　　　　　　　　宏观营销环境分析

五、任务分组

学生任务分配表

班级		组号		指导教师	
组长		学号			

组员	姓名	学号	姓名	学号

任务分工	

六、自主探究

工作任务单

组号：＿＿＿＿＿　姓名：＿＿＿＿＿　学号：＿＿＿＿＿　检索号：＿2216-1＿

引导问题：

（1）画出宏观环境分析内容的思维导图。

（2）列出宏观环境数据的收集渠道。

_____

_____

七、合作研学

工作任务单

组号：_____   姓名：_____   学号：_____   检索号：__2217-1__

引导问题：

（1）小组交流讨论可利用的宏观环境数据收集渠道，教师引导，每个小组完善数据。

_____

_____

（2）记录自己存在的不足。

_____

_____

八、展示赏学

工作任务单

组号：_____   姓名：_____   学号：_____   检索号：__2218-1__

引导问题：

每个小组推荐一位小组长，汇报旅游市场营销宏观环境数据的收集渠道、分析报告。

_____

_____

九、评价反馈

工作任务单 1

组号：_____ 姓名：_____ 学号：_____ 检索号：__2219-1__

个人自评表

班级		组名		日期	年 月 日
评价指标	评价内容			分数	分数评定
信息检索能力	能有效利用网络、图书资源查找有用的相关信息等，能将查到的信息有效地传递到学习中			10分	
感知课堂生活	熟悉旅游市场营销宏观环境分析工作；在学习中能获得满足感，认同课堂文化			10分	
参与态度	积极主动与老师、同学交流，相互尊重、理解、平等；与老师、同学之间能够保持多向、丰富、适宜的信息交流			10分	
沟通交流	能处理好合作学习和独立思考的关系，做到有效学习；能提出有意义的问题或能发表个人见解			10分	
知识能力获得	画出宏观环境分析内容的思维导图			10分	
	列出宏观环境数据收集渠道			10分	
思维态度	能发现问题、提出问题、分析问题、解决问题、创新问题			20分	
自评反馈	按时按质地完成任务，较好地掌握了知识点，具有较强的信息分析能力和理解能力；具有较为全面、严谨的思维能力，并能条理清楚、明晰地表述成文			20分	
自评分数					
有益的经验和做法					
总结反馈建议					

工作任务单 2

组号：_____ 姓名：_____ 学号：_____ 检索号：__2219-2__

小组内互评验收表

验收组长		组名		日期	年 月 日
组内验收成员					
任务要求	画出宏观环境分析内容的思维导图，列出宏观环境数据收集渠道，形成宏观环境分析报告				
验收文档清单	被验收者 2216-1 工作任务单 被验收者 2217-1 工作任务单				
	形成宏观环境分析报告				
验收评分	**评分标准**			**分数**	**得分**
	画出宏观环境分析内容的思维导图，少 1 处扣 5 分			30 分	
	列出宏观环境数据收集渠道，少 1 处扣 5 分			30 分	
	形成格式规范、排版合理的宏观环境分析报告			40 分	
评价分数					
不足之处					

工作任务单 3

被评组号：_____ 检索号：__2219-3__

小组间互评表

班级		评价小组		日期	年 月 日
评价指标	**评价内容**			**分数**	**分数评定**
汇报表述	表述准确			15 分	
	语言流畅			10 分	
	准确反映该组完成情况			15 分	

续表

评价指标	评价内容	分数	分数评定
内容正确度	内容正确	30分	
	句型表达到位	30分	
互评分数			
简要评述			

工作任务单 4

组号：_____ 姓名：_____ 学号：_____ 检索号：__2219-4__

任务完成情况评价表

任务名称	销售渠道选择				总得分	
评价依据	学生完成的 2216-1 工作任务单；学生完成的 2217-1 工作任务单；学生完成的 2218-1 工作任务单；学生完成的 2219-1 工作任务单					
序号	任务内容及要求		配分	评分标准	教师评价	
					结论	得分
1	画出宏观环境分析内容的思维导图	（1）描述准确	15分	少1处扣5分		
		（2）语言流畅	15分	酌情赋分		
2	列出宏观环境数据收集渠道	（1）描述准确	10分	少1处扣5分		
		（2）语言流畅	10分	酌情赋分		
3	形成宏观环境分析报告	（1）格式规范、排版美观	20分	酌情赋分		
		（2）分析结论针对性强	20分	酌情赋分		
4	素质素养评价	（1）沟通交流能力	10分	酌情赋分，但违反课堂纪律，不听从组长、教师安排的，不得分		
		（2）团队合作				
		（3）课堂纪律				
		（4）合作探学				
		（5）自主研学				
		（6）培养全局思维、大局意识				
		（7）培养全方位、多角度分析问题的能力				

任务二　旅游微观环境分析

一、任务描述

　　选定学校所在地周边一旅游企业（或旅游目的地），多渠道收集其旅游市场营销微观环境信息，完成旅游市场微观环境分析报告。

二、学习目标

1. 知识目标

掌握旅游市场营销微观环境分析的内容。

2. 能力目标

（1）能通过多种渠道收集旅游市场营销微观环境信息。

（2）能对旅游市场营销微观环境进行分析。

3. 素质素养目标

（1）培养踏实、稳重的学习、工作作风。

（2）培养多维度思考、解决问题的态度。

三、重难点

1. 重点

微观环境信息收集渠道。

2. 难点

微观环境分析的内容。

视频　旅游微观环境分析

四、相关知识链接

旅游市场营销微观环境

重庆两江影视城景区营销环境分析

五、任务分组

学生任务分配表

班级		组号		指导教师	
组长		学号			
组员	姓名	学号	姓名	学号
任务分工				

六、自主探究

工作任务单

组号：_____　姓名：_____　学号：_____　检索号：__2226-1__

引导问题：

（1）画出微观环境分析内容的思维导图。

（2）列出微观环境信息的收集渠道。

_____

_____

七、合作研学

工作任务单

组号：＿＿＿＿＿＿ 姓名：＿＿＿＿＿＿ 学号：＿＿＿＿＿＿ 检索号：<u>2227-1</u>

引导问题：

（1）小组交流讨论可利用的微观环境信息的收集渠道，教师引导，每个小组完善信息。

＿＿＿＿＿＿＿＿＿＿＿＿＿＿＿＿＿＿＿＿＿＿＿＿＿＿＿＿＿＿＿＿＿＿＿

＿＿＿＿＿＿＿＿＿＿＿＿＿＿＿＿＿＿＿＿＿＿＿＿＿＿＿＿＿＿＿＿＿＿＿

（2）记录自己存在的不足。

＿＿＿＿＿＿＿＿＿＿＿＿＿＿＿＿＿＿＿＿＿＿＿＿＿＿＿＿＿＿＿＿＿＿＿

＿＿＿＿＿＿＿＿＿＿＿＿＿＿＿＿＿＿＿＿＿＿＿＿＿＿＿＿＿＿＿＿＿＿＿

八、展示赏学

工作任务单

组号：＿＿＿＿＿＿ 姓名：＿＿＿＿＿＿ 学号：＿＿＿＿＿＿ 检索号：<u>2228-1</u>

引导问题：

每个小组推荐一位小组长，汇报旅游市场营销微观环境信息的收集渠道、分析报告。

＿＿＿＿＿＿＿＿＿＿＿＿＿＿＿＿＿＿＿＿＿＿＿＿＿＿＿＿＿＿＿＿＿＿＿

＿＿＿＿＿＿＿＿＿＿＿＿＿＿＿＿＿＿＿＿＿＿＿＿＿＿＿＿＿＿＿＿＿＿＿

九、评价反馈

工作任务单 1

组号：＿＿＿＿＿＿ 姓名：＿＿＿＿＿＿ 学号：＿＿＿＿＿＿ 检索号：<u>2229-1</u>

个人自评表

班级		组名		日期	年 月 日
评价指标	评价内容			分数	分数评定
信息检索能力	能有效利用网络、图书资源查找有用的相关信息等，能将查到的信息有效地传递到学习中			10分	

续表

评价指标	评价内容	分数	分数评定
感知课堂生活	熟悉旅游市场营销微观环境分析工作；在学习中能获得满足感，认同课堂文化	10分	
参与态度	积极主动与老师、同学交流，相互尊重、理解、平等；与老师、同学之间能够保持多向、丰富、适宜的信息交流	10分	
沟通交流	能处理好合作学习和独立思考的关系，做到有效学习；能提出有意义的问题或能发表个人见解	10分	
知识能力获得	画出微观环境分析内容的思维导图	10分	
	列出微观环境信息的收集渠道	10分	
思维态度	能发现问题、提出问题、分析问题、解决问题、创新问题	20分	
自评反馈	按时按质地完成任务，较好地掌握了知识点，具有较强的信息分析能力和理解能力，具有较为全面、严谨的思维能力，并能条理清楚、明晰地表述成文	20分	
自评分数			
有益的经验和做法			
总结反馈建议			

工作任务单2

组号：_____　姓名：_____　学号：_____　检索号：2229-2

小组内互评验收表

验收组长		组名		日期	年　月　日
组内验收成员					
任务要求	画出微观环境分析内容的思维导图，列出微观环境信息收集渠道，形成微观环境分析报告				
验收文档清单	被验收者2226-1工作任务单 被验收者2227-1工作任务单				
	形成微观环境分析报告				

验收评分	评分标准	分数	得分
	画出微观环境分析内容的思维导图，少 1 处扣 5 分	30 分	
	列出微观环境信息收集渠道，少 1 处扣 5 分	30 分	
	形成格式规范、排版美观的微观环境分析报告	40 分	
评价分数			
不足之处			

工作任务单 3

被评组号：＿＿＿＿＿＿＿＿＿＿＿＿＿＿＿＿＿＿＿＿＿＿＿＿＿＿＿＿　　检索号：＿＿2229-3＿＿

小组间互评表

班级		评价小组		日期	年　月　日
评价指标	评价内容			分数	分数评定
汇报表述	表述准确			15 分	
	语言流畅			10 分	
	准确反映该组完成情况			15 分	
内容正确度	内容正确			30 分	
	句型表达到位			30 分	
互评分数					
简要评述					

工作任务单 4

组号：_____　　姓名：_____　　学号：_____　　检索号：__2229-4__

任务完成情况评价表

任务名称		销售渠道选择			总得分	
评价依据		学生完成的 2226-1 工作任务单；学生完成的 2227-1 工作任务单；学生完成的 2228-1 工作任务单；学生完成的 2229-1 工作任务单				
序号	任务内容及要求		配分	评分标准	教师评价	
					结论	得分
1	画出微观环境分析内容的思维导图	（1）描述准确	15分	少1处扣5分		
		（2）语言流畅	15分	酌情赋分		
2	列出微观环境信息收集渠道	（1）描述准确	10分	少1处扣5分		
		（2）语言流畅	10分	酌情赋分		
3	形成微观环境分析报告	（1）格式规范、排版美观	20分	酌情赋分		
		（2）分析结论针对性强	20分	酌情赋分		
4	素质素养评价	（1）沟通交流能力	10分	酌情赋分，但违反课堂纪律，不听从组长、教师安排的，不得分		
		（2）团队合作				
		（3）课堂纪律				
		（4）合作探学				
		（5）自主研学				
		（6）培养全局思维、大局意识				
		（7）培养全方位、多角度分析问题的能力				

任务三　旅游市场营销环境 SWOT 分析

一、任务描述

在宏观、微观环境分析的基础上，为旅游企业（或旅游目的地）构建 SWOT 分析矩阵，完成营销环境 SWOT 分析报告。

二、学习目标

1. 知识目标

（1）熟悉 SWOT 分析法含义。

（2）熟悉 SWOT 分析的内容。

2. 能力目标

（1）能列举出营销环境的优势、劣势、机会、威胁要素。

（2）能构建 SWOT 分析矩阵，确定营销战略。

3. 素质素养目标

（1）培养踏实、稳重的学习、工作作风。

（2）培养多维度思考、解决问题的态度。

三、重难点

1. 重点

SWOT 分析的内容。

2. 难点

构建 SWOT 分析矩阵。

视频　旅游市场营销环境 SWOT 分析

四、相关知识链接

SWOT 分析法的应用

基于量化思维的 SWOT 分析方法举例

五、任务分组

学生任务分配表

班级		组号		指导教师	
组长		学号			

续表

	姓名	学号	姓名	学号
组员				
任务分工				

六、自主探究

工作任务单 1

组号：＿＿＿＿＿　姓名：＿＿＿＿＿　学号：＿＿＿＿＿　检索号：＿＿2236-1＿＿

引导问题：

（1）列出 SWOT 分析的内容。

_____

_____

（2）画出 SWOT 分析矩阵图。

工作任务单 2

组号：＿＿＿＿＿　姓名：＿＿＿＿＿　学号：＿＿＿＿＿　检索号：＿＿2236-2＿＿

引导问题：

完成 SWOT 分析报告，选择营销战略。

_____

_____

七、合作研学

工作任务单

组号：_____   姓名：_____   学号：_____   检索号：___2237-1___

引导问题：

（1）小组交流讨论 SWOT 分析结果，教师引导，优化分析结果，确定营销战略。

_____

_____

（2）记录自己存在的不足。

_____

_____

八、展示赏学

工作任务单

组号：_____   姓名：_____   学号：_____   检索号：___2238-1___

引导问题：

每个小组推荐一位小组长，汇报旅游市场营销环境 SWOT 分析报告。

_____

_____

九、评价反馈

工作任务单 1

组号：_____   姓名：_____   学号：_____   检索号：___2239-1___

个人自评表

班级		组名		日期	年 月 日

续表

评价指标	评价内容	分数	分数评定
信息检索能力	能有效利用网络、图书资源查找有用的相关信息等，能将查到的信息有效地传递到学习中	10分	
感知课堂生活	熟悉旅游市场营销微观环境分析工作；在学习中能获得满足感，认同课堂文化	10分	
参与态度	积极主动与老师、同学交流，相互尊重、理解、平等；与老师、同学之间能够保持多向、丰富、适宜的信息交流	10分	
沟通交流	能处理好合作学习和独立思考的关系，做到有效学习；能提出有意义的问题或能发表个人见解	10分	
知识能力获得	列出SWOT分析的内容	10分	
	画出SWOT分析矩阵图	10分	
思维态度	能发现问题、提出问题、分析问题、解决问题、创新问题	20分	
自评反馈	按时按质地完成任务，较好地掌握了知识点，具有较强的信息分析能力和理解能力，具有较为全面、严谨的思维能力，并能条理清楚、明晰地表述成文	20分	
自评分数			
有益的经验和做法			
总结反馈建议			

工作任务单 2

组号：_____ 姓名：_____ 学号：_____ 检索号：2239-2

小组内互评验收表

验收组长		组名		日期	年　月　日
组内验收成员					
任务要求	列出SWOT分析的内容，画出SWOT分析矩阵图，形成SWOT分析报告				

续表

验收文档清单	被验收者2236-1工作任务单 被验收者2236-2工作任务单 被验收者2237-1工作任务单		
	形成SWOT分析报告		
验收评分	**评分标准**	**分数**	**得分**
	列出SWOT分析的内容，少1处扣5分	30分	
	画出SWOT分析矩阵图，错1处扣5分	30分	
	形成格式规范、排版美观的SWOT分析报告	40分	
	评价分数		
不足之处			

工作任务单3

被评组号：_____   检索号：__2239-3__

小组间互评表

班级		评价小组		日期	年 月 日
评价指标	**评价内容**			**分数**	**分数评定**
汇报表述	表述准确			15分	
	语言流畅			10分	
	准确反映该组完成情况			15分	
内容 正确度	内容正确			30分	
	句型表达到位			30分	
	互评分数				
简要评述					

工作任务单 4

组号：_____　姓名：_____　学号：_____　检索号：__2239-4__

任务完成情况评价表

任务名称	销售渠道选择				总得分	
评价依据	学生完成的 2236-1 工作任务单，学生完成的 2237-1 工作任务单，学生完成的 2238-1 工作任务单，学生完成的 2239-1 工作任务单					
序号	任务内容及要求		配分	评分标准	教师评价	
					结论	得分
1	列出 SWOT 分析的内容	（1）描述准确	10 分	少 1 处扣 2 分		
		（2）语言流畅	10 分	酌情赋分		
2	画出 SWOT 分析矩阵图	（1）描述准确	15 分	错 1 处扣 3 分		
		（2）语言流畅	15 分	酌情赋分		
3	形成 SWOT 分析报告	（1）格式规范、排版美观	20 分	酌情赋分		
		（2）分析结论针对性强	20 分	酌情赋分		
4	素质素养评价	（1）沟通交流能力	10 分	酌情赋分，但违反课堂纪律，不听从组长、教师安排的，不得分		
		（2）团队合作				
		（3）课堂纪律				
		（4）合作探学				
		（5）自主研学				
		（6）培养全局思维、大局意识				
		（7）培养全方位、多角度分析问题的能力				

项目四

旅游者购买行为分析

任务一　旅游者购买行为数据收集

一、任务描述

搜集 5 种类型的旅游者购买行为的数据，形成旅游者购买行为分析的案例库。

二、学习目标

1. 知识目标

（1）掌握旅游者购买行为的类型及特点。

（2）掌握旅游者购买行为模式。

2. 能力目标

（1）能准确区分旅游者购买行为的类型，并收集相关资料。

（2）能灵活运用多种渠道收集数据。

3. 素质素养目标

（1）培养踏实、稳重的学习、工作作风。

（2）培养多维度思考、解决问题的态度。

三、重难点

1. 重点

数据收集。

2. 难点

旅游者购买行为的类型。

视频　旅游者购买行为数据收集

四、相关知识链接

数据收集

旅游者购买行为的模式

旅游者购买行为的类型及特点

五、任务分组

学生任务分配表

班级		组号		指导教师	
组长		学号			
组员	姓名	学号		姓名	学号
任务分工					

六、自主探究

工作任务单 1

组号：_____　　姓名：_____　　学号：_____　　检索号：___2316-1___

引导问题：

（1）画出旅游者购买行为类型的思维导图。

（2）列出旅游者购买行为模式。

_____

_____

工作任务单 2

组号：_____ 姓名：_____ 学号：_____ 检索号：___2316-2___

引导问题：

（1）列出可使用的数据收集的渠道、工具。

_____

_____

（2）整理收集的数据，形成案例库。

_____

_____

七、合作研学

工作任务单

组号：_____ 姓名：_____ 学号：_____ 检索号：___2317-1___

引导问题：

（1）小组交流讨论，教师引导，充实案例数据。

_____

_____

（2）记录自己存在的不足。

_____

_____

八、展示赏学

工作任务单

组号：_____ 姓名：_____ 学号：_____ 检索号：___2318-1___

引导问题：

每个小组推荐一位小组长，汇报数据收集的过程，借鉴每组经验，完善案例库。

_____

_____

九、评价反馈

工作任务单 1

组号：_____　　姓名：_____　　学号：_____　　检索号：__2319-1__

个人自评表

班级		组名		日期	年　月　日
评价指标	评价内容			分数	分数评定
信息检索能力	能有效利用网络、图书资源查找有用的相关信息等，能将查到的信息有效地传递到学习中			10分	
感知课堂生活	熟悉数据收集工作；在学习中是否能获得满足感，认同课堂文化			10分	
参与态度	积极主动与老师、同学交流，相互尊重、理解、平等；与老师、同学之间能够保持多向、丰富、适宜的信息交流			10分	
沟通交流	能处理好合作学习和独立思考的关系，做到有效学习；能提出有意义的问题或能发表个人见解			10分	
知识能力获得	画出旅游者购买行为类型的思维导图			10分	
	列出旅游者购买行为模式			10分	
	列出可使用的数据收集的渠道、工具			10分	
	能灵活运用多种渠道收集数据			10分	
思维态度	能发现问题、提出问题、分析问题、解决问题、创新问题			10分	
自评反馈	按时按质地完成任务，较好地掌握了知识点，具有较强的信息分析能力和理解能力，具有较为全面、严谨的思维能力，并能条理清楚、明晰地表述成文			10分	
自评分数					
有益的经验和做法					

续表

总结反馈建议	

工作任务单 2

组号：_____ 姓名：_____ 学号：_____ 检索号：__2319-2__

小组内互评验收表

验收组长		组名		日期	年　月　日
组内验收成员					
任务要求	画出旅游者购买行为类型的思维导图；列出旅游者购买行为模式；列出可使用的数据收集的渠道、工具；能灵活运用多种渠道收集数据，形成案例库				
验收文档清单	被验收者 2316-1 工作任务单 被验收者 2316-2 工作任务单 被验收者 2317-1 工作任务单				
	文献检索清单				
验收评分	**评分标准**			**分数**	**得分**
	画出旅游者购买行为类型的思维导图，错 1 处扣 5 分			20 分	
	列出旅游者购买行为模式，错 1 处扣 5 分			20 分	
	列出可使用的数据收集的渠道、工具，少 1 处扣 5 分			20 分	
	能灵活运用多种渠道收集数据，形成案例库			20 分	
	提供文献检索清单，不少于 5 项，缺 1 项扣 4 分			20 分	
评价分数					
不足之处					

工作任务单 3

被评组号：_____　　检索号：__2319-3__

小组间互评表

班级		评价小组		日期	年　月　日
评价指标	评价内容			分数	分数评定
汇报表述	表述准确			15分	
	语言流畅			10分	
	准确反映该组完成情况			15分	
内容正确度	内容正确			30分	
	句型表达到位			30分	
互评分数					
简要评述					

工作任务单 4

组号：_____　姓名：_____　学号：_____　检索号：__2319-4__

任务完成情况评价表

任务名称		销售渠道选择		总得分	
评价依据	学生完成的2316-1工作任务单，学生完成的2317-1工作任务单，学生完成的2318-1工作任务单，学生完成的2319-1工作任务单				
序号	任务内容及要求		配分	评分标准	教师评价
					结论　得分
1	画出旅游者购买行为类型的思维导图	（1）描述准确	10分	少1个扣2分	
		（2）语言流畅	10分	酌情赋分	
2	列出旅游者购买行为模式	（1）描述准确	10分	少1个扣2分	
		（2）语言流畅	10分	酌情赋分	

续表

序号	任务内容及要求		配分	评分标准	教师评价	
					结论	得分
3	列出可使用的数据收集的渠道、工具	（1）描述准确	10分	错1处扣2分		
		（2）语言流畅	10分	酌情赋分		
4	能灵活运用多种渠道收集数据，形成案例库	（1）描述准确	10分	酌情赋分		
		（2）语言流畅	10分	酌情赋分		
5	至少包含5项检索文献的目录清单	（1）数量	5分	少1项扣1分		
		（2）参考的主要内容要点	5分	酌情赋分		
6	素质素养评价	（1）沟通交流能力	10分	酌情赋分，但违反课堂纪律，不听从组长、教师安排的，不得分		
		（2）团队合作				
		（3）课堂纪律				
		（4）合作探学				
		（5）自主研学				
		（6）培养全局思维、大局意识				
		（7）培养全方位、多角度分析问题的能力				

任务二　旅游者购买行为分析

一、任务描述

对收集的旅游者购买行为案例进行分析，完成旅游者购买行为分析报告。

二、学习目标

1. 知识目标

（1）掌握旅游者购买行为的影响因素。

（2）掌握旅游者购买决策过程。

2. 能力目标

（1）能从案例中分析出影响旅游者购买行为的因素。

（2）能根据分析结果选择恰当的营销手段。

3. 素质素养目标

（1）培养实事求是的精神。

（2）培养多维度思考、解决问题的态度。

三、重难点

1. 重点

旅游者购买行为的影响因素。

2. 难点

旅游者购买决策过程。

视频　旅游者购买行为分析

四、相关知识链接

旅游者购买行为的影响因素　　　　旅游者购买决策过程

五、任务分组

学生任务分配表

班级		组号		指导教师	
组长		学号			
组员	姓名	学号	姓名	学号	

续表

	姓名	学号	姓名	学号
组员				
任务分工				

六、自主探究

工作任务单 1

组号：_____ 姓名：_____ 学号：_____ 检索号：__2326-1__

引导问题：

（1）画出旅游者购买决策过程图。

（2）列出旅游者信息来源渠道。

_____

_____

工作任务单 2

组号：_____ 姓名：_____ 学号：_____ 检索号：__2326-2__

引导问题：

（1）画出旅游者购买行为影响因素的思维导图。

（2）对旅游者购买行为案例进行分析，完成分析报告。

_____

_____

七、合作研学

工作任务单

组号：_____　姓名：_____　学号：_____　检索号：　2327-1

引导问题：

（1）小组交流讨论，教师引导，完善旅游者购买行为分析报告。

_____

_____

（2）记录自己存在的不足。

_____

_____

八、展示赏学

工作任务单

组号：_____　姓名：_____　学号：_____　检索号：　2328-1

引导问题：

每个小组推荐一位小组长，汇报旅游者购买行为分析过程及结论，借鉴每组经验，优化分析报告。

_____

_____

九、评价反馈

组号：_____　　姓名：_____　　学号：_____　　检索号：__2329-1__

个人自评表

班级		组名		日期	年　月　日
评价指标	评价内容			分数	分数评定
信息检索能力	能有效利用网络、图书资源查找有用的相关信息等，能将查到的信息有效地传递到学习中			10分	
感知课堂生活	熟悉旅游者购买行为分析要素；在学习中能获得满足感，认同课堂文化			10分	
参与态度	积极主动与老师、同学交流，相互尊重、理解、平等；与老师、同学之间能够保持多向、丰富、适宜的信息交流			10分	
沟通交流	能处理好合作学习和独立思考的关系，做到有效学习；能提出有意义的问题或能发表个人见解			10分	
知识能力获得	画出旅游者购买行为影响因素的思维导图			10分	
	画出旅游者购买决策过程图			10分	
	列出旅游者信息来源渠道			10分	
	完成旅游者购买行为分析报告			10分	
思维态度	能发现问题、提出问题、分析问题、解决问题、创新问题			10分	
自评反馈	按时按质地完成任务，较好地掌握了知识点，具有较强的信息分析能力和理解能力，具有较为全面、严谨的思维能力，并能条理清楚、明晰地表述成文			10分	
自评分数					
有益的经验和做法					
总结反馈建议					

工作任务单 2

组号：_____　姓名：_____　学号：_____　检索号：__2329-2__

小组内互评验收表

验收组长		组名		日期	年　月　日
组内验收成员					
任务要求	画出旅游者购买行为影响因素的思维导图，画出旅游者购买决策过程图，列出旅游者信息来源渠道，完成旅游者购买行为分析报告				
验收文档清单	被验收者 2326-1 工作任务单 被验收者 2326-2 工作任务单 被验收者 2327-1 工作任务单				
	文献检索资料				
验收评分	评分标准			分数	得分
	画出旅游者购买行为影响因素的思维导图，错 1 处扣 5 分			20 分	
	画出旅游者购买决策过程图，错 1 处扣 5 分			20 分	
	列出旅游者信息来源渠道，错 1 处扣 5 分			20 分	
	完成旅游者购买行为分析报告			20 分	
	提供文献检索清单，不少于 5 项，缺 1 项扣 4 分			20 分	
	评价分数				
不足之处					

工作任务单 3

被评组号：_____　检索号：__2329-3__

小组间互评表

班级		评价小组		日期	年　月　日
评价指标	评价内容			分数	分数评定
汇报表述	表述准确			15 分	

续表

评价指标	评价内容	分数	分数评定
汇报表述	语言流畅	10分	
	准确反映该组完成情况	15分	
内容正确度	内容正确	30分	
	句型表达到位	30分	
互评分数			
简要评述			

工作任务单4

组号：_____ 姓名：_____ 学号：_____ 检索号：__2329-4__

任务完成情况评价表

任务名称		销售渠道选择			总得分	
评价依据		学生完成的2326-1工作任务单，学生完成的2327-1工作任务单，学生完成的2328-1工作任务单，学生完成的2329-1工作任务单				
序号	任务内容及要求		配分	评分标准	教师评价	
					结论	得分
1	画出旅游者购买行为影响因素的思维导图	（1）描述准确	10分	少1个扣1分		
		（2）语言流畅	10分	酌情赋分		
2	画出旅游者购买决策过程图	（1）描述准确	10分	少1个扣1分		
		（2）语言流畅	10分	酌情赋分		
3	列出旅游者信息来源渠道	（1）描述准确	5分	错1处扣1分		
		（2）语言流畅	5分	酌情赋分		
4	完成旅游者购买行为分析报告	（1）语言表达艺术合理	10分	酌情赋分		
		（2）问题符合调查目标的要求	10分	酌情赋分		

序号	任务内容及要求		配分	评分标准	教师评价	
					结论	得分
5	至少包含5项检索文献的目录清单	（1）描述准确	10分	酌情赋分		
		（2）语言流畅	10分	酌情赋分		
6	素质素养评价	（1）沟通交流能力	10分	酌情赋分，但违反课堂纪律，不听从组长、教师安排的，不得分		
		（2）团队合作				
		（3）课堂纪律				
		（4）合作探学				
		（5）自主研学				
		（6）培养全局思维、大局意识				
		（7）培养全方位、多角度分析问题的能力				

项目五
旅游竞争分析

任务一　旅游竞争数据收集

一、任务描述
选定学校所在地周边一旅游企业（或旅游目的地），多渠道收集其竞争环境数据。

二、学习目标
1.知识目标
掌握波特五力分析模型。
2.能力目标
（1）能依据五力模型收集对应的数据。
（2）能灵活运用多种渠道收集数据。
3.素质素养目标
（1）培养踏实、稳重的学习、工作作风。
（2）培养多维度思考、解决问题的态度。

三、重难点
1.重点
数据收集（请参考数据调查及分析方法）。
2.难点
波特五力分析模型。

四、相关知识链接

波特五力分析模型　　　　运用"五力模型"帮你开家奶茶店

五、任务分组

学生任务分配表

班级		组号		指导教师	
组长		学号			
组员	姓名	学号	姓名	学号
任务分工				

六、自主探究

工作任务单

组号：＿＿＿＿＿＿　　姓名：＿＿＿＿＿＿　　学号：＿＿＿＿＿＿　　检索号：＿＿2416-1＿＿

引导问题：

（1）画出波特五力模型图。

（2）列出波特五力分析模型与 SWOT 分析法的区别。

七、合作研学

工作任务单

组号：_____   姓名：_____   学号：_____   检索号：__2417-1__

引导问题：

（1）小组交流讨论，教师引导，收集旅游企业（或旅游目的地）竞争五力的相关数据。

_____

_____

（2）记录自己存在的不足。

_____

_____

八、展示赏学

工作任务单

组号：_____   姓名：_____   学号：_____   检索号：__2418-1__

引导问题：

每个小组推荐一位小组长，汇报五力模型数据收集的过程，借鉴每组经验，优化数据收集。

_____

_____

九、评价反馈

工作任务单 1

组号：_____   姓名：_____   学号：_____   检索号：__2419-1__

个人自评表

班级		组名		日期	年　月　日
评价指标	评价内容			分数	分数评定
信息检索能力	能有效利用网络、图书资源查找有用的相关信息等，能将查到的信息有效地传递到学习中			10分	

评价指标	评价内容	分数	分数评定
感知课堂生活	熟悉波特五力模型数据收集工作；在学习中能获得满足感，认同课堂文化	10分	
参与态度	积极主动与老师、同学交流，相互尊重、理解、平等；与老师、同学之间能够保持多向、丰富、适宜的信息交流	10分	
沟通交流	能处理好合作学习和独立思考的关系，做到有效学习；能提出有意义的问题或能发表个人见解	10分	
知识能力获得	画出波特五力模型图	10分	
	列出波特五力分析模型与SWOT分析法的区别	10分	
	能灵活运用多种渠道收集数据	10分	
	依据五力模型收集旅游企业（或旅游目的地）的数据	10分	
思维态度	能发现问题、提出问题、分析问题、解决问题、创新问题	10分	
自评反馈	按时按质地完成任务，较好地掌握了知识点，具有较强的信息分析能力和理解能力，具有较为全面、严谨的思维能力，并能条理清楚、明晰地表述成文	10分	
自评分数			
有益的经验和做法			
总结反馈建议			

工作任务单 2

组号：_____ 姓名：_____ 学号：_____ 检索号：__2419-2__

小组内互评验收表

验收组长		组名		日期	年　月　日
组内验收成员					
任务要求	画出波特五力模型图，列出波特五力分析模型与 SWOT 分析法的区别，能灵活运用多种渠道收集数据，依据五力模型收集旅游企业（或旅游目的地）的数据				
验收文档清单	被验收者 2416-1 工作任务单 被验收者 2417-1 工作任务单 文献检索清单				
验收评分	评分标准			分数	得分
	画出波特五力模型图，错 1 处扣 5 分			20 分	
	列出波特五力分析模型与 SWOT 分析法的区别，错 1 处扣 5 分			20 分	
	能灵活运用多种渠道收集数据			20 分	
	依据五力模型收集旅游企业（或旅游目的地）的数据			20 分	
	提供文献检索清单，不少于 5 项，缺 1 项扣 4 分			20 分	
	评价分数				
不足之处					

工作任务单 3

被评组号：_____ 检索号：__2419-3__

小组间互评表

班级		评价小组		日期	年　月　日
评价指标		评价内容		分数	分数评定
汇报表述		表述准确		15 分	

评价指标	评价内容	分数	分数评定
汇报表述	语言流畅	10分	
	准确反映该组完成情况	15分	
内容 正确度	内容正确	30分	
	句型表达到位	30分	
互评分数			
简要评述			

工作任务单 4

组号：＿＿＿＿＿　　姓名：＿＿＿＿＿　　学号：＿＿＿＿＿　　检索号：＿＿2419-4＿＿

任务完成情况评价表

任务名称	销售渠道选择			总得分	
评价依据	学生完成的 2416-1 工作任务单，学生完成的 2417-1 工作任务单，学生完成的 2418-1 工作任务单，学生完成的 2419-1 工作任务单				

序号	任务内容及要求		配分	评分标准	教师评价	
					结论	得分
1	画出波特五力模型图	（1）描述准确	10分	少1个扣2分		
		（2）语言流畅	10分	酌情赋分		
2	列出波特五力分析模型与 SWOT 分析法的区别	（1）描述准确	10分	少1个扣2分		
		（2）语言流畅	10分	酌情赋分		
3	能灵活运用多种渠道收集数据	（1）描述准确	10分	错1处扣2分		
		（2）语言流畅	10分	酌情赋分		
4	依据五力模型收集旅游企业（或旅游目的地）的数据	（1）描述准确	10分	酌情赋分		
		（2）语言流畅	10分	酌情赋分		

续表

序号	任务内容及要求		配分	评分标准	教师评价	
					结论	得分
5	至少包含5项检索文献的目录清单	（1）数量	5分	少1项扣1分		
		（2）参考的主要内容要点	5分	酌情赋分		
6	素质素养评价	（1）沟通交流能力	10分	酌情赋分，但违反课堂纪律，不听从组长、教师安排的，不得分		
		（2）团队合作				
		（3）课堂纪律				
		（4）合作探学				
		（5）自主研学				
		（6）培养全局思维、大局意识				
		（7）培养全方位、多角度分析问题的能力				

任务二　旅游竞争数据分析

一、任务描述

对收集竞争数据进行分析，完成五力模型分析报告。

二、学习目标

1. 知识目标

（1）掌握五力程度的辨别方法。

（2）掌握五力模型分析可供选择的市场战略。

2. 能力目标

（1）能对五力程度进行辨别。

（2）能根据分析结果选择恰当的市场战略。

3. 素质素养目标

（1）培养踏实、稳重的学习、工作作风。

（2）培养多维度思考、解决问题的态度。

三、重难点

1. 重点

市场战略选择。

2. 难点

波特五力模型的辨识方法。

视频　旅游竞争数据分析

四、相关知识链接

波特五力模型的市场战略选择

波特五力模型的辨识方法

五、任务分组

学生任务分配表

班级		组号		指导教师	
组长		学号			
组员	姓名	学号	姓名	学号	
任务分工					

六、自主探究

组号：_____ 姓名：_____ 学号：_____ 检索号：_2426-1_

引导问题：

（1）画出五力程度辨别方法的思维导图。

（2）列出可供选择的市场战略。

_____

_____

组号：_____ 姓名：_____ 学号：_____ 检索号：_2426-2_

引导问题：

（1）构建五力分析模型，对收集的竞争数据进行分析。

_____

_____

（2）根据分析结论，选择市场战略，完成分析报告。

_____

_____

七、合作研学

组号：_____ 姓名：_____ 学号：_____ 检索号：_2427-1_

引导问题：

（1）小组交流讨论，教师引导，完善五力分析模型，优化分析结论，明确市场战略。

_____

_____

（2）记录自己存在的不足。

_____

_____

八、展示赏学

工作任务单

组号：_____　姓名：_____　学号：_____　检索号：__2428-1__

引导问题：

每个小组推荐一位小组长，汇报五力模型分析的过程及结果，借鉴每组经验，优化分析结果。

_____

_____

九、评价反馈

工作任务单 1

组号：_____　姓名：_____　学号：_____　检索号：__2429-1__

个人自评表

班级		组名		日期	年　月　日
评价指标	评价内容			分数	分数评定
信息检索能力	能有效利用网络、图书资源查找有用的相关信息等，能将查到的信息有效地传递到学习中			10分	
感知课堂生活	熟悉五力程度的辨别方法；在学习中能获得满足感，认同课堂文化			10分	
参与态度	积极主动与老师、同学交流，相互尊重、理解、平等；与老师、同学之间能够保持多向、丰富、适宜的信息交流			10分	

续表

评价指标	评价内容	分数	分数评定
沟通交流	能处理好合作学习和独立思考的关系，做到有效学习；能提出有意义的问题或能发表个人见解	10分	
知识能力获得	画出五力程度辨别方法的思维导图	10分	
	列出可供选择的市场战略	10分	
	能对竞争数据进行五力分析	10分	
	能根据分析结果，选择市场战略	10分	
思维态度	能发现问题、提出问题、分析问题、解决问题、创新问题	10分	
自评反馈	按时按质地完成任务，较好地掌握了知识点，具有较强的信息分析能力和理解能力，具有较为全面、严谨的思维能力，并能条理清楚、明晰地表述成文	10分	
自评分数			
有益的经验和做法			
总结反馈建议			

工作任务单2

组号：_____　　姓名：_____　　学号：_____　　检索号：　2429-2

小组内互评验收表

验收组长		组名		日期	年　月　日
组内验收成员					
任务要求	画出五力程度辨别方法的思维导图；列出可供选择的市场战略；能对竞争数据进行五力分析；能根据分析结果，选择市场战略；完成五力模型分析报告				
验收文档清单	被验收者2426-1工作任务单 被验收者2426-2工作任务单 被验收者2427-1工作任务单				
	五力模型分析报告				

验收评分	评分标准	分数	得分
	画出五力程度辨别方法的思维导图，错 1 处扣 5 分	20 分	
	列出可供选择的市场战略，错 1 处扣 5 分	20 分	
	能对竞争数据进行五力分析，错 1 处扣 2 分	20 分	
	能根据分析结果，选择市场战略	20 分	
	完成五力模型分析报告	20 分	
评价分数			
不足之处			

工作任务单 3

被评组号：_____　　　检索号：　2429-3

小组间互评表

班级		评价小组		日期	年　月　日
评价指标	评价内容			分数	分数评定
汇报表述	表述准确			15 分	
	语言流畅			10 分	
	准确反映该组完成情况			15 分	
内容正确度	内容正确			30 分	
	句型表达到位			30 分	
互评分数					
简要评述					

工作任务单 4

组号：_____　姓名：_____　学号：_____　检索号：__2429-4__

任务完成情况评价表

任务名称		销售渠道选择			总得分	
评价依据		学生完成的 2426-1、2426-2 工作任务单，学生完成的 2427-1 工作任务单，学生完成的 2428-1 工作任务单，学生完成的 2429-1 工作任务单				
序号	任务内容及要求		配分	评分标准	教师评价	
					结论	得分
1	画出五力程度辨别方法的思维导图	（1）描述准确	5分	少1个扣1分		
		（2）语言流畅	5分	酌情赋分		
2	列出可供选择的市场战略	（1）描述准确	5分	少1个扣1分		
		（2）语言流畅	5分	酌情赋分		
3	能对竞争数据进行五力分析	（1）描述准确	10分	错1处扣2分		
		（2）语言流畅	10分	酌情赋分		
4	能根据分析结果，选择市场战略	（1）市场战略精准	10分	酌情赋分		
		（2）理由充分	10分	酌情赋分		
5	完成五力模型分析报告	（1）格式规范	15分	酌情赋分		
		（2）排版美观	15分	酌情赋分		
6	素质素养评价	（1）沟通交流能力	10分	酌情赋分，但违反课堂纪律，不听从组长、教师安排的，不得分		
		（2）团队合作				
		（3）课堂纪律				
		（4）合作探学				
		（5）自主研学				
		（6）培养全局思维、大局意识				
		（7）培养全方位、多角度分析问题的能力				

模块三 旅游营销战略分析

项目六
旅游市场细分

任务　旅游市场细分标准选择

一、任务描述

搜集旅游市场细分相关标准材料进行分析。选择一家旅游企业进行分析，完成该企业市场细分的评估报告。

二、学习目标

1. 知识目标

（1）掌握旅游市场细分的概念及方法。

（2）掌握市场细分的依据和标准。

2. 能力目标

（1）能正确选择分析方法。

（2）能区分不同类型的细分市场。

3. 素质素养目标

（1）培养全局思维、大局意识。

（2）培养全方位、多角度分析问题的能力。

（3）培养公平竞争和品牌竞争意识。

三、重难点

1. 重点

分析方法的选择及使用。

2. 难点

分析报告撰写。

视频　旅游市场细分标准选择

四、相关知识链接

旅游市场细分

五、任务分组

学生任务分配表

班级		组号		指导教师	
组长		学号			
组员	姓名	学号	姓名	学号	
任务分工					

六、自主探究

工作任务单 1

组号：_____ 姓名：_____ 学号：_____ 检索号：___3116–1___

引导问题：

（1）认真阅读企业资料，写出可使用的数据搜集方法及特点。

_____

_____

（2）写出旅游市场细分评估报告常用格式。

_____

_____

工作任务单 2

组号：_____　姓名：_____　学号：_____　检索号：　3116-2

引导问题：

（1）画出分析报告框架思维导图。

[空白框]

（2）撰写旅游市场细分的评估报告。

_____

_____

七、合作研学

工作任务单

组号：_____　姓名：_____　学号：_____　检索号：　3117-1

引导问题：

（1）小组交流讨论，教师参与，优化分析报告思维导图，完善旅游市场细分的分析报告。

[空白框]

（2）记录自己存在的不足。

_____

_____

八、展示赏学

工作任务单

组号：_____ 姓名：_____ 学号：_____ 检索号：__3118-1__

引导问题：

每个小组推荐一位小组长，汇报思维导图和旅游市场细分评估报告，借鉴每组经验，进一步优化思维导图和完善旅游市场细分评估的分析报告。

九、评价反馈

工作任务单 1

组号：_____ 姓名：_____ 学号：_____ 检索号：__3119-1__

个人自评表

班级		组名		日期	年 月 日
评价指标	评价内容			分数	分数评定
信息检索能力	能有效利用网络、图书资源查找有用的相关信息等，能将查到的信息有效地传递到学习中			10分	
感知课堂生活	熟悉旅游市场分析岗位，认同旅游市场分析工作价值；在学习中能获得满足感，认同课堂文化			10分	
参与态度	积极主动与老师、同学交流，相互尊重、理解、平等；与老师、同学之间能够保持多向、丰富、适宜的信息交流			10分	

续表

评价指标	评价内容	分数	分数评定
沟通交流	能处理好合作学习和独立思考的关系，做到有效学习；能提出有意义的问题或能发表个人见解	10分	
知识能力获得	能收集旅游企业资料，写出可使用的数据搜集方法及特点	10分	
	能正确写出旅游市场细分评估报告常用格式	10分	
	能绘制旅游市场细分评估报告框架思维导图	10分	
	能撰写旅游市场细分评估报告	10分	
思维态度	能发现问题、提出问题、分析问题、解决问题、创新问题	10分	
自评反馈	按时按质地完成任务，较好地掌握了知识点，具有较强的信息分析能力和理解能力，具有较为全面、严谨的思维能力，并能条理清楚、明晰地表述成文	10分	
自评分数			
有益的经验和做法			
总结反馈建议			

工作任务单2

组号：_____ 姓名：_____ 学号：_____ 检索号：__3119-2__

小组内互评验收表

验收组长		组名		日期	年　月　日
组内验收成员					
任务要求	能收集旅游企业资料，写出可使用的数据搜集方法及特点；能正确写出旅游市场细分评估报告常用格式；能绘制旅游市场细分评估报告思维导图；能撰写旅游市场细分评估报告				
验收文档清单	被验收者3116-1工作任务单 被验收者3116-2工作任务单 被验收者3117-1工作任务单				
	文献检索清单				

续表

评分标准	分数	得分
能收集旅游企业资料，写出可使用的数据搜集方法及特点，错1处扣5分	20分	
能正确写出旅游市场细分评估报告常用格式，错1处扣5分	20分	
能绘制旅游市场细分评估报告思维导图，错1处扣2分	20分	
能撰写旅游市场细分评估报告，错1处扣2分	20分	
提供文献检索清单，少于5项，缺1项扣4分	20分	

验收评分（左侧第一列合并）

评价分数		

不足之处	

工作任务单3

被评组号：＿＿＿＿＿＿＿＿＿＿＿＿＿＿＿ 检索号：＿3119-3＿

小组间互评表

班级		评价小组		日期	年 月 日
评价指标	评价内容			分数	分数评定
汇报表述	表述准确			15分	
	语言流畅			10分	
	准确反映该组完成情况			15分	
内容正确度	内容正确			30分	
	句型表达到位			30分	
互评分数					
简要评述					

工作任务单4

组号：_____ 姓名：_____ 学号：_____ 检索号：__3119-4__

任务完成情况评价表

任务名称		旅游市场细分评估		总得分		
评价依据		学生完成的3116-1、3116-2工作任务单，学生完成的3117-1工作任务单，学生完成的3118-1工作任务单，学生完成的3119-1工作任务单				
序号	任务内容及要求		配分	评分标准	教师评价	
					结论	得分
1	能收集旅游企业资料，写出可使用的数据搜集方法及特点	（1）描述准确	10分	缺1个要点扣1分		
		（2）语言流畅	10分	酌情赋分		
2	能正确写出旅游市场细分评估报告常用格式	（1）描述准确	10分	缺1个要点扣1分		
		（2）语言流畅	10分	酌情赋分		
3	能绘制旅游市场细分评估报告框架思维导图	（1）描述准确	10分	缺1个要点扣2分		
		（2）语言流畅	10分	酌情赋分		
4	能撰写旅游市场细分评估报告	（1）描述准确	10分	缺1个要点扣2分		
		（2）语言流畅	10分	酌情赋分		
5	至少包含5项检索文献的目录清单	（1）数量	5分	少1项扣1分		
		（2）参考的主要内容要点	5分	酌情赋分		
6	素质素养评价	（1）沟通交流能力	10分	酌情赋分，但违反课堂纪律，不听从组长、教师安排的，不得分		
		（2）团队合作				
		（3）课堂纪律				
		（4）合作探学				
		（5）自主研学				
		（6）培养全局思维、大局意识				
		（7）培养全方位、多角度分析问题的能力				
		（8）培养公平竞争和品牌竞争意识				

项目七
旅游目标市场确定

任务　旅游目标市场选择

一、任务描述

搜集旅游目标市场选择相关材料进行分析。选择一家旅游企业进行分析，分析该企业的目标市场营销策略，并形成分析报告。

二、学习目标

1. 知识目标

（1）掌握旅游目标市场选择的标准。

（2）掌握旅游目标市场策略。

2. 能力目标

（1）能正确选择分析方法。

（2）能掌握旅游目标市场覆盖策略。

3. 素质素养目标

（1）培养全局思维、大局意识。

（2）培养全方位、多角度分析问题的能力。

（3）培养公平竞争和品牌竞争意识。

三、重难点

1. 重点

分析方法的选择及使用。

2. 难点

分析报告撰写。

视频　旅游目标市场选择

四、相关知识链接

旅游目标市场选择

五、任务分组

学生任务分配表

班级		组号		指导教师	
组长		学号			
组员	姓名	学号	姓名	学号	
任务分工					

六、自主探究

工作任务单 1

组号：_____   姓名：_____   学号：_____   检索号：___3216-1___

引导问题：

（1）认真阅读旅游企业资料，写出可使用的数据搜集方法及特点。

_____

_____

（2）写出旅游目标市场营销策略报告常用格式。

_____

_____

工作任务单 2

组号：_____　　姓名：_____　　学号：_____　　检索号：__3216-2__

引导问题：

（1）画出分析报告思维导图。

（2）撰写旅游目标市场营销策略的评估报告。

七、合作研学

工作任务单

组号：_____　　姓名：_____　　学号：_____　　检索号：__3217-1__

引导问题：

（1）小组交流讨论，教师参与，优化分析报告思维导图，完善旅游目标市场营销策略的分析报告。

（2）记录自己存在的不足。

八、展示赏学

工作任务单

组号：_____   姓名：_____   学号：_____   检索号：__3218-1__

引导问题：

每个小组推荐一位小组长，汇报思维导图和旅游目标市场营销策略报告，借鉴每组经验，进一步优化思维导图和完善旅游目标市场营销策略的分析报告。

_____

_____

九、评价反馈

工作任务单 1

组号：_____   姓名：_____   学号：_____   检索号：__3219-1__

个人自评表

班级		组名		日期	年　月　日
评价指标	评价内容			分数	分数评定
信息检索能力	能有效利用网络、图书资源查找有用的相关信息等，能将查到的信息有效地传递到学习中			10分	
感知课堂生活	熟悉旅游市场分析岗位，认同旅游市场分析工作价值；在学习中能获得满足感，认同课堂文化			10分	
参与态度	积极主动与老师、同学交流，相互尊重、理解、平等；与老师、同学之间能够保持多向、丰富、适宜的信息交流			10分	
沟通交流	能处理好合作学习和独立思考的关系，做到有效学习；能提出有意义的问题或能发表个人见解			10分	
知识能力获得	能收集企业资料，写出可使用的数据搜集方法及特点			10分	
	能正确写出旅游目标市场营销策略报告常用格式			10分	
	能绘制旅游目标市场营销策略报告思维导图			10分	
	能撰写旅游目标市场营销策略报告			10分	
思维态度	能发现问题、提出问题、分析问题、解决问题、创新问题			10分	

续表

评价指标	评价内容	分数	分数评定
自评反馈	按时按质地完成任务，较好地掌握了知识点，具有较强的信息分析能力和理解能力，具有较为全面、严谨的思维能力，并能条理清楚、明晰地表述成文	10分	
自评分数			
有益的经验和做法			
总结反馈建议			

工作任务单 2

组号：_____　　姓名：_____　　学号：_____　　检索号：____3219-2____

小组内互评验收表

验收组长		组名		日期	年　月　日
组内验收成员					
任务要求	能收集旅游企业资料，写出可使用的数据搜集方法及特点；能正确写出旅游目标市场营销策略报告常用格式；能绘制旅游目标市场营销策略框架思维导图；能撰写旅游目标市场营销策略报告				
验收文档清单	被验收者 3216-1 工作任务单 被验收者 3216-2 工作任务单 被验收者 3217-1 工作任务单 文献检索清单				
验收评分	评分标准			分数	得分
	能收集旅游企业资料，写出可使用的数据搜集方法及特点，错 1 处扣 5 分			20分	
	能正确写出旅游目标市场营销策略报告常用格式，错 1 处扣 5 分			20分	
	能绘制旅游目标市场营销策略报告思维导图，错 1 处扣 2 分			20分	
	能撰写旅游目标市场营销策略报告，错 1 处扣 2 分			20分	

续表

验收评分	评分标准	分数	得分
	提供文献检索清单，少于 5 项，缺 1 项扣 4 分	20 分	
	评价分数		
不足之处			

工作任务单 3

被评组号：＿＿＿＿＿＿＿＿＿＿＿＿＿＿＿＿＿＿＿＿　检索号：＿3219-3＿

小组间互评表

班级		评价小组		日期	年 月 日
评价指标	评价内容			分数	分数评定
汇报表述	表述准确			15 分	
	语言流畅			10 分	
	准确反映该组完成情况			15 分	
内容正确度	内容正确			30 分	
	句型表达到位			30 分	
	互评分数				
简要评述					

工作任务单 4

组号：＿＿＿＿＿　姓名：＿＿＿＿＿＿　学号：＿＿＿＿＿＿　检索号：＿3219-4＿

任务完成情况评价表

任务名称	旅游目标市场选择	总得分	

评价依据	学生完成的3216-1、3216-2工作任务单，学生完成的3217-1工作任务单，学生完成的3218-1工作任务单，学生完成的3219-1工作任务单					

序号	任务内容及要求		配分	评分标准	教师评价	
					结论	得分
1	能收集旅游企业资料，写出可使用的数据搜集方法及特点	（1）描述准确	10分	缺1个要点扣1分		
		（2）语言流畅	10分	酌情赋分		
2	能正确写出旅游目标市场营销策略报告常用格式	（1）描述准确	10分	缺1个要点扣1分		
		（2）语言流畅	10分	酌情赋分		
3	能绘制旅游目标市场营销策略思维导图	（1）描述准确	10分	缺1个要点扣2分		
		（2）语言流畅	10分	酌情赋分		
4	能撰写旅游目标市场营销策略报告	（1）描述准确	10分	缺1个要点扣2分		
		（2）语言流畅	10分	酌情赋分		
5	至少包含5项检索文献的目录清单	（1）数量	5分	少1项扣1分		
		（2）参考的主要内容要点	5分	酌情赋分		
6	素质素养评价	（1）沟通交流能力	10分	酌情赋分，但违反课堂纪律，不听从组长、教师安排的，不得分		
		（2）团队合作				
		（3）课堂纪律				
		（4）合作探学				
		（5）自主研学				
		（6）培养全局思维、大局意识				
		（7）培养全方位、多角度分析问题的能力				
		（8）培养公平竞争和品牌竞争的意识				

项目八

旅游市场定位

任务　旅游市场定位选择

一、任务描述

搜集旅游市场定位相关材料进行分析。选择一家旅游企业进行分析，分析该企业的市场定位，并形成分析报告。

二、学习目标

1. 知识目标

（1）掌握旅游市场定位的原则。

（2）掌握旅游市场定位的方法。

2. 能力目标

（1）能正确选择分析方法。

（2）能掌握旅游市场定位的方法。

3. 素质素养目标

（1）培养全局思维、大局意识。

（2）培养全方位、多角度分析问题的能力。

（3）培养公平竞争和品牌竞争意识。

三、重难点

1. 重点

分析方法的选择及使用。

2. 难点

分析报告撰写。

视频　旅游市场定位选择

四、相关知识链接

旅游市场定位

五、任务分组

学生任务分配表

班级		组号		指导教师	
组长		学号			
组员	姓名	学号	姓名	学号	
任务分工					

六、自主探究

工作任务单 1

组号：_____　　姓名：_____　　学号：_____　　检索号：___3316-1___

引导问题：

（1）认真阅读旅游企业资料，写出可使用的数据搜集方法及特点。

_____

_____

（2）写出旅游市场定位分析报告常用格式。

_____

_____

组号：＿＿＿＿＿＿＿　姓名：＿＿＿＿＿＿＿　学号：＿＿＿＿＿＿＿　检索号：　3316-2

引导问题：

（1）画出分析报告思维导图。

（2）撰写旅游市场定位分析报告。

七、合作研学

工作任务单

组号：＿＿＿＿＿＿＿　姓名：＿＿＿＿＿＿＿　学号：＿＿＿＿＿＿＿　检索号：　3317-1

引导问题：

（1）小组交流讨论，教师参与，优化分析报告思维导图，完善旅游市场定位的分析报告。

（2）记录自己存在的不足。

＿＿＿＿＿＿＿＿＿＿＿＿＿＿＿＿＿＿＿＿＿＿＿＿＿＿＿＿＿＿＿＿＿＿＿＿＿＿＿

＿＿＿＿＿＿＿＿＿＿＿＿＿＿＿＿＿＿＿＿＿＿＿＿＿＿＿＿＿＿＿＿＿＿＿＿＿＿＿

八、展示赏学

工作任务单

组号：_____   姓名：_____   学号：_____   检索号：__3318-1__

引导问题：

每个小组推荐一位小组长，汇报思维导图和旅游市场定位分析报告，借鉴每组经验，进一步优化思维导图和完善旅游市场定位分析报告。

九、评价反馈

工作任务单 1

组号：_____   姓名：_____   学号：_____   检索号：__3319-1__

个人自评表

班级		组名		日期	年 月 日
评价指标	评价内容			分数	分数评定
信息检索能力	能有效利用网络、图书资源查找有用的相关信息等，能将查到的信息有效地传递到学习中			10分	
感知课堂生活	熟悉旅游营销战略分析岗位，认同旅游营销战略分析岗位价值；在学习中能获得满足感，认同课堂文化			10分	
参与态度	积极主动与老师、同学交流，相互尊重、理解、平等；与老师、同学之间能够保持多向、丰富、适宜的信息交流			10分	
沟通交流	能处理好合作学习和独立思考的关系，做到有效学习；能提出有意义的问题或能发表个人见解			10分	
知识能力获得	能收集旅游企业资料，写出可使用的数据搜集方法及特点			10分	
	能正确写出旅游市场定位分析报告常用格式			10分	

续表

评价指标	评价内容	分数	分数评定
知识能力获得	能绘制旅游市场定位分析报告思维导图	10分	
	能撰写旅游市场定位分析报告	10分	
思维态度	能发现问题、提出问题、分析问题、解决问题、创新问题	10分	
自评反馈	按时按质地完成任务，较好地掌握了知识点，具有较强的信息分析能力和理解能力，具有较为全面、严谨的思维能力，并能条理清楚、明晰地表述成文	10分	
自评分数			
有益的经验和做法			
总结反馈建议			

工作任务单2

组号：_____ 姓名：_____ 学号：_____ 检索号：__3319-2__

小组内互评验收表

验收组长		组名		日期	年 月 日
组内验收成员					
任务要求	能收集旅游企业资料，写出可使用的数据搜集方法及特点；能正确写出旅游市场细分评估报告常用格式；能绘制旅游市场细分评估报告思维导图；能撰写旅游市场定位分析报告				
验收文档清单	被验收者3316-1工作任务单 被验收者3316-2工作任务单 被验收者3317-1工作任务单 文献检索清单				
验收评分	**评分标准**			**分数**	**得分**
	能收集旅游企业资料，写出可使用的数据搜集方法及特点，错1处扣5分			20分	
	能正确写出旅游市场定位分析报告常用格式，错1处扣5分			20分	

	评分标准	分数	得分
验收评分	能绘制旅游市场定位分析报告思维导图，错1处扣2分	20分	
	能撰写旅游市场定位分析报告，错1处扣2分	20分	
	提供文献检索清单，少于5项，缺1项扣4分	20分	
评价分数			
不足之处			

工作任务单3

被评组号：＿＿＿＿＿＿＿＿＿＿＿＿＿＿＿＿＿＿ 检索号：＿3319-3＿

小组间互评表

班级		评价小组		日期	年 月 日
评价指标	评价内容			分数	分数评定
汇报表述	表述准确			15分	
	语言流畅			10分	
	准确反映该组完成情况			15分	
内容正确度	内容正确			30分	
	句型表达到位			30分	
互评分数					
简要评述					

工作任务单 4

组号：_____ 姓名：_____ 学号：_____ 检索号：__3319-4__

任务完成情况评价表

任务名称		旅游市场定位选择			总得分	
评价依据		学生完成的 3316-1、3316-2 工作任务单，学生完成的 3317-1 工作任务单，学生完成的 3318-1 工作任务单，学生完成的 3319-1 工作任务单				
序号	任务内容及要求		配分	评分标准	教师评价	
					结论	得分
1	能收集旅游企业资料，写出可使用的数据搜集方法及特点	（1）描述准确	10分	缺1个要点扣1分		
		（2）语言流畅	10分	酌情赋分		
2	能正确写出旅游市场定位分析报告常用格式	（1）描述准确	10分	缺1个要点扣1分		
		（2）语言流畅	10分	酌情赋分		
3	能绘制旅游市场定位分析报告思维导图	（1）描述准确	10分	缺1个要点扣2分		
		（2）语言流畅	10分	酌情赋分		
4	能撰写旅游市场定位分析报告	（1）描述准确	10分	缺1个要点扣2分		
		（2）语言流畅	10分	酌情赋分		
5	至少包含5项检索文献的目录清单	（1）数量	5分	少1项扣1分		
		（2）参考的主要内容要点	5分	酌情赋分		
6	素质素养评价	（1）沟通交流能力	10分	酌情赋分，但违反课堂纪律，不听从组长、教师安排的，不得分		
		（2）团队合作				
		（3）课堂纪律				
		（4）合作探学				
		（5）自主研学				
		（6）培养全局思维、大局意识				
		（7）培养全方位、多角度分析问题的能力				
		（8）培养公平竞争和品牌竞争意识				

模块四

策略制定
旅游市场营销

项目九

旅游产品策略制定

任务一　旅游产品开发

一、任务描述

搜集旅游产品开发相关资料进行分析。撰写旅游企业产品开发报告，绘制旅游产品开发流程图及旅游产品开发报告思维导图。

二、学习目标

1. 知识目标

（1）掌握旅游产品开发的概念及内容。

（2）掌握旅游产品开发的策略及开发流程。

2. 能力目标

（1）能正确选择分析方法。

（2）能完成旅游企业产品开发。

3. 素质素养目标

（1）培养全局思维、大局意识。

（2）培养全方位、多角度分析问题的能力。

（3）培养开拓创新意识。

三、重难点

1. 重点

旅游产品开发的内容、原则、开发策略及开发程序。

2. 难点

旅游产品开发报告撰写。

视频　旅游产品开发

四、相关知识链接

旅游产品开发

五、任务分组

学生任务分配表

班级		组号		指导教师	
组长		学号			
组员	姓名	学号		姓名	学号
任务分工					

六、自主探究

工作任务单 1

组号：_____　　姓名：_____　　学号：_____　　检索号：__4116-1__

引导问题：

（1）认真阅读旅游企业资料，写出可使用的数据搜集方法及特点。

_____

_____

（2）写出旅游产品开发报告常用格式。

_____

_____

工作任务单 2

组号：_____　姓名：_____　学号：_____　检索号：__4116-2__

引导问题：

（1）画出旅游产品开发的流程图。

（2）画出旅游产品开发报告思维导图。

（3）撰写旅游产品开发报告。

七、合作研学

工作任务单

组号：_____　姓名：_____　学号：_____　检索号：__4117-1__

引导问题：

（1）小组交流讨论，教师参与，优化旅游产品开发报告思维导图，完善旅游产品开发报告。

（2）记录自己存在的不足。

_____

_____

八、展示赏学

工作任务单

组号：_____ 姓名：_____ 学号：_____ 检索号： 4118-1

引导问题：

每个小组推荐一位小组长，汇报思维导图和旅游产品开发报告，借鉴每组经验，进一步优化思维导图和完善旅游产品开发报告。

_____

_____

九、评价反馈

工作任务单 1

组号：_____ 姓名：_____ 学号：_____ 检索号： 4119-1

个人自评表

班级		组名		日期	年 月 日
评价指标	评价内容			分数	分数评定
信息检索能力	能有效利用网络、图书资源查找有用的相关信息等，能将查到的信息有效地传递到学习中			10分	
感知课堂生活	熟悉旅游产品研发岗位，认同旅游产品研发工作价值；在学习中能获得满足感，认同课堂文化			10分	
参与态度	积极主动与老师、同学交流，相互尊重、理解、平等；与老师、同学之间能够保持多向、丰富、适宜的信息交流			10分	
沟通交流	能处理好合作学习和独立思考的关系，做到有效学习；能提出有意义的问题或能发表个人见解			10分	
知识能力获得	能收集旅游企业资料，写出可使用的数据搜集方法及特点			10分	

续表

评价指标	评价内容	分数	分数评定
知识能力获得	能正确写出旅游产品开发报告常用格式	10分	
	能绘制旅游产品开发报告思维导图	10分	
	能撰写旅游产品开发报告	10分	
思维态度	能发现问题、提出问题、分析问题、解决问题、创新问题	10分	
自评反馈	按时按质地完成任务，较好地掌握了知识点，具有较强的信息分析能力和理解能力，具有较为全面、严谨的思维能力，并能条理清楚、明晰地表述成文	10分	
自评分数			
有益的经验和做法			
总结反馈建议			

工作任务单 2

组号：_____   姓名：_____   学号：_____   检索号：__4119-2__

小组内互评验收表

验收组长		组名		日期	年 月 日
组内验收成员					
任务要求	能收集旅游企业资料，写出可使用的数据搜集方法及特点；能正确写出旅游产品开发报告常用格式；能绘制旅游产品开发报告思维导图；能撰写旅游产品开发报告				
验收文档清单	被验收者 4116-1 工作任务单 被验收者 4116-2 工作任务单 被验收者 4117-1 工作任务单				
	文献检索清单				

	评分标准	分数	得分
验收评分	能收集旅游企业资料，写出可使用的数据搜集方法及特点，错1处扣5分	20分	
	能正确写出旅游产品开发报告常用格式，错1处扣5分	20分	
	能绘制旅游产品开发报告思维导图，错1处扣2分	20分	
	能撰写旅游产品开发报告，错1处扣2分	20分	
	提供文献检索清单，少于5项，缺1项扣4分	20分	
评价分数			
不足之处			

工作任务单 3

被评组号：＿＿＿＿＿＿＿＿＿＿＿＿＿＿＿＿＿＿＿　　检索号：＿4119-3＿

小组间互评表

班级		评价小组		日期	年　月　日
评价指标	评价内容			分数	分数评定
汇报表述	表述准确			15分	
	语言流畅			10分	
	准确反映该组完成情况			15分	
内容正确度	内容正确			30分	
	句型表达到位			30分	
互评分数					
简要评述					

工作任务单4

组号：_____ 姓名：_____ 学号：_____ 检索号：__4119-4__

任务完成情况评价表

任务名称		旅游产品开发		总得分	
评价依据		学生完成的4116-1、4116-2工作任务单，学生完成的4117-1工作任务单，学生完成的4118-1工作任务单，学生完成的4119-1工作任务单			

序号	任务内容及要求		配分	评分标准	教师评价	
					结论	得分
1	能收集旅游企业资料，写出可使用的数据搜集方法及特点	（1）描述准确	10分	缺1个要点扣1分		
		（2）语言流畅	10分	酌情赋分		
2	能正确写出旅游产品开发报告常用格式	（1）描述准确	10分	缺1个要点扣1分		
		（2）语言流畅	10分	酌情赋分		
3	能绘制旅游产品开发流程图及产品开发报告思维导图	（1）描述准确	10分	缺1个要点扣2分		
		（2）语言流畅	10分	酌情赋分		
4	能撰写旅游产品开发报告	（1）描述准确	10分	缺1个要点扣2分		
		（2）语言流畅	10分	酌情赋分		
5	至少包含5项检索文献的目录清单	（1）数量	5分	少1项扣1分		
		（2）参考的主要内容要点	5分	酌情赋分		
6	素质素养评价	（1）沟通交流能力	10分	酌情赋分，但违反课堂纪律，不听从组长、教师安排的，不得分		
		（2）团队合作				
		（3）课堂纪律				
		（4）合作探学				
		（5）自主研学				
		（6）培养全局思维、大局意识				
		（7）培养全方位、多角度分析问题的能力				
		（8）培养开拓创新精神				

任务二　旅游产品包装设计

一、任务描述

学习产品包装相关资料，调查一家旅游企业的产品包装状况，形成一份可行性市场调研报告，并利用所学知识对该旅游企业的这款产品进行包装设计。

二、学习目标

1. 知识目标

（1）掌握旅游产品包装设计的定位。

（2）了解旅游产品包装的视觉元素。

（3）掌握旅游产品包装设计策略。

2. 能力目标

（1）能为旅游企业的产品进行简单的包装设计。

（2）具备旅游市场调研的基本素质和能力。

3. 素质素养目标

（1）培养全局思维、大局意识。

（2）培养全方位、多角度分析问题的能力。

（3）培养开拓创新意识。

（4）培养审美意识。

三、重难点

1. 重点

旅游产品包装设计的定位、视觉元素、设计策略。

2. 难点

旅游产品包装设计。

视频　旅游产品包装设计

四、相关知识链接

旅游产品包装设计

五、任务分组

学生任务分配表

班级		组号		指导教师	
组长		学号			
组员	姓名	学号	姓名	学号	
任务分工					

六、自主探究

工作任务单 1

组号：＿＿＿＿＿　姓名：＿＿＿＿＿　学号：＿＿＿＿＿　检索号：＿4126-1＿

引导问题：

（1）搜集旅游企业产品包装的相关资料，充分利用身边资源，采用任何一种调研方式（调查问卷、采访、观察等），调查某旅游企业产品包装状况。

_____

_____

（2）撰写旅游企业产品包装状况的调研报告。

工作任务单 2

组号：_____　　姓名：_____　　学号：_____　　检索号：__4126-2__

引导问题：

根据调研结果及产品包装设计相关知识，为该旅游企业设计一款产品包装。

七、合作研学

工作任务单

组号：_____　　姓名：_____　　学号：_____　　检索号：__4127-1__

引导问题：

（1）小组交流讨论，教师参与，根据调研结果对旅游产品包装进行设计并改进。

（2）记录自己存在的不足。

八、展示赏学

工作任务单

组号：_____　　姓名：_____　　学号：_____　　检索号：<u>4128-1</u>

引导问题：

每个小组推荐一位小组长，汇报调研报告并展示本组旅游产品包装设计图，借鉴每组经验，进一步完善旅游企业产品包装状况调研报告和进一步美化旅游产品的包装设计。

_____

_____

九、评价反馈

工作任务单 1

组号：_____　　姓名：_____　　学号：_____　　检索号：<u>4129-1</u>

个人自评表

班级		组名		日期	年　月　日
评价指标	评价内容			分数	分数评定
信息检索能力	能有效利用网络、图书资源查找有用的相关信息等，能将查到的信息有效地传递到学习中			10分	
感知课堂生活	熟悉旅游产品设计岗位，认同旅游产品设计工作价值；在学习中能获得满足感，认同课堂文化			10分	
参与态度	积极主动与老师、同学交流，相互尊重、理解、平等；与老师、同学之间能够保持多向、丰富、适宜的信息交流			10分	
沟通交流	能处理好合作学习和独立思考的关系，做到有效学习；能提出有意义的问题或能发表个人见解			10分	
知识能力获得	能采用某一调研方式对旅游企业产品包装状况进行调研			10分	
	能正确写出旅游企业产品包装状况的调研报告			10分	
	能利用网络资源对旅游企业产品进行包装设计			10分	
	能绘制出旅游产品包装设计图			10分	

续表

评价指标	评价内容	分数	分数评定
思维态度	能发现问题、提出问题、分析问题、解决问题、创新问题	10分	
自评反馈	按时按质地完成任务，较好地掌握了知识点，具有较强的信息分析能力和理解能力，具有较为全面、严谨的思维能力，并能条理清楚、明晰地表述成文	10分	
自评分数			
有益的经验和做法			
总结反馈建议			

工作任务单 2

组号：_____　　姓名：_____　　学号：_____　　检索号：___4129-2___

小组内互评验收表

验收组长		组名		日期	年　月　日
组内验收成员					
任务要求	能对旅游企业进行调研，并能正确写出旅游企业产品包装状况的调研报告；能利用网络资源及所学知识对旅游企业产品进行包装设计；能绘制出旅游产品包装设计图				
验收文档清单	被验收者 4126-1 工作任务单 被验收者 4126-2 工作任务单 被验收者 4127-1 工作任务单 文献检索清单				
验收评分	评分标准			分数	得分
	能收集旅游企业资料，使用不同的调研方法对企业进行调研，错 1 处扣 5 分			20分	
	能正确写出旅游企业产品包装状况调研报告的常用格式，错 1 处扣 5 分			20分	

续表

验收评分	评分标准	分数	得分
	能利用软件对旅游产品进行包装设计，根据旅游产品包装的设计效果图进行综合评定（包含设计元素、视觉元素、美化度等）	60分	
	评价分数		
不足之处			

工作任务单 3

被评组号：_____   检索号：___4129-3___

小组间互评表

班级		评价小组		日期	年　月　日
评价指标	评价内容			分数	分数评定
汇报表述	表述准确			15分	
	语言流畅			10分	
	准确反映该组完成情况			15分	
内容正确度	内容正确			30分	
	句型表达到位			30分	
	互评分数				
简要评述					

工作任务单 4

组号：_____ 姓名：_____ 学号：_____ 检索号：___4129-4___

任务完成情况评价表

任务名称	旅游产品包装设计	总得分	

评价依据	学生完成的4126-1、4126-2工作任务单；学生完成的4127-1工作任务单；学生完成的4128-1工作任务单；学生完成的4129-1工作任务单					

序号	任务内容及要求		配分	评分标准	教师评价	
					结论	得分
1	能收集旅游企业资料，合理利用调研方式对企业开展调研	（1）描述准确	10分	缺1个要点扣1分		
		（2）语言流畅	10分	酌情赋分		
2	能正确写出旅游企业产品包装状况的调研报告	（1）描述准确	10分	缺1个要点扣1分		
		（2）语言流畅	10分	酌情赋分		
3	能利用软件对旅游产品进行包装设计	（1）操作准确	10分	缺1个要点扣2分		
		（2）设计图	10分	酌情赋分		
4	能结合旅游产品包装设计内容讲解产品设计思路	（1）描述准确	10分	缺1个要点扣2分		
		（2）语言流畅	10分	酌情赋分		
5	至少包含5项检索文献的目录清单	（1）数量	5分	少1项扣1分		
		（2）参考的主要内容要点	5分	酌情赋分		
6	素质素养评价	（1）沟通交流能力	10分	酌情赋分，但违反课堂纪律，不听从组长、教师安排的，不得分		
		（2）团队合作				
		（3）课堂纪律				
		（4）合作探学				
		（5）自主研学				
		（6）培养全局思维、大局意识				
		（7）培养全方位、多角度分析问题的能力				
		（8）培养开拓精神				
		（9）培养审美意识				

任务三　旅游产品品牌管理

一、任务描述

搜集旅游产品品牌管理相关资料进行分析。选择一家旅游企业进行分析，撰写该企业旅游产品品牌管理分析报告。

二、学习目标

1. 知识目标

（1）掌握旅游产品品牌及其构成要素。

（2）掌握旅游产品品牌的作用。

（3）掌握旅游产品品牌策略。

2. 能力目标

（1）能正确选择分析方法。

（2）能完成旅游产品品牌管理分析报告的撰写。

3. 素质素养目标

（1）培养全局思维、大局意识。

（2）培养全方位、多角度分析问题的能力。

（3）培养开拓创新意识。

三、重难点

1. 重点

旅游产品品牌及其构成要素、产品品牌的作用、产品品牌策略。

2. 难点

撰写旅游产品品牌管理分析报告。

视频　旅游产品品牌管理

四、相关知识链接

旅游产品品牌管理

五、任务分组

学生任务分配表

班级		组号		指导教师	
组长		学号			
组员	姓名	学号	姓名	学号	
任务分工					

六、自主探究

工作任务单 1

组号：_____　　姓名：_____　　学号：_____　　检索号：___4136-1___

引导问题：

（1）认真阅读旅游企业资料，写出可使用的数据搜集方法及特点。

_____

_____

（2）写出旅游企业产品品牌管理分析报告的常用格式。

_____

_____

工作任务单 2

组号：_____ 姓名：_____ 学号：_____ 检索号：　4136-2　

引导问题：

（1）画出旅游企业产品品牌管理分析报告思维导图。

（2）撰写旅游企业产品品牌管理的分析报告。

七、合作研学

工作任务单

组号：_____ 姓名：_____ 学号：_____ 检索号：　4137-1　

引导问题：

（1）小组交流讨论，教师参与，优化分析报告思维导图，完善旅游企业产品品牌管理的分析报告。

（2）记录自己存在的不足。

八、展示赏学

工作任务单

组号：_____　　姓名：_____　　学号：_____　　检索号：__4138-1__

引导问题：

每个小组推荐一位小组长，汇报思维导图和旅游企业产品品牌管理的分析报告，借鉴每组经验，进一步优化思维导图和完善旅游企业产品品牌管理的分析报告。

九、评价反馈

工作任务单 1

组号：_____　　姓名：_____　　学号：_____　　检索号：__4139-1__

个人自评表

班级		组名		日期	年　月　日
评价指标	评价内容			分数	分数评定
信息检索能力	能有效利用网络、图书资源查找有用的相关信息等，能将查到的信息有效地传递到学习中			10分	
感知课堂生活	熟悉旅游产品品牌管理岗位，认同旅游产品品牌管理工作价值；在学习中能获得满足感，认同课堂文化			10分	
参与态度	积极主动与老师、同学交流，相互尊重、理解、平等；与老师、同学之间能够保持多向、丰富、适宜的信息交流			10分	
沟通交流	能处理好合作学习和独立思考的关系，做到有效学习；能提出有意义的问题或能发表个人见解			10分	
知识能力获得	能收集旅游企业资料，写出可使用的数据搜集方法及特点			10分	
	能正确写出旅游企业产品品牌管理分析报告的常用格式			10分	

续表

评价指标	评价内容	分数	分数评定
知识能力获得	能绘制旅游企业产品品牌管理分析报告框架思维导图	10分	
	能撰写旅游企业产品品牌管理的分析报告	10分	
思维态度	能发现问题、提出问题、分析问题、解决问题、创新问题	10分	
自评反馈	按时按质地完成任务，较好地掌握了知识点，具有较强的信息分析能力和理解能力，具有较为全面、严谨的思维能力，并能条理清楚、明晰地表述成文	10分	
自评分数			
有益的经验和做法			
总结反馈建议			

工作任务单 2

组号：_____　　姓名：_____　　学号：_____　　检索号：___4139-2___

小组内互评验收表

验收组长		组名		日期	年　月　日
组内验收成员					
任务要求	能收集旅游企业资料，写出可使用的数据搜集方法及特点；能正确写出旅游企业产品品牌管理分析报告的常用格式；能绘制旅游企业产品品牌管理分析报告框架思维导图；能撰写旅游企业产品品牌管理的分析报告				
验收文档清单	被验收者 4136-1 工作任务单 被验收者 4136-2 工作任务单 被验收者 4137-1 工作任务单 文献检索清单				
验收评分	评分标准			分数	得分
	能收集旅游企业资料，写出可使用的数据搜集方法及特点，错 1 处扣 5 分			20分	

评分标准	分数	得分
能正确写出旅游企业产品品牌管理分析报告的常用格式，错 1 处扣 5 分	20 分	
能绘制旅游企业产品品牌管理报告框架思维导图，错 1 处扣 2 分	20 分	
能撰写旅游企业产品品牌管理分析报告，错 1 处扣 2 分	20 分	
提供文献检索清单，少于 5 项，缺 1 项扣 4 分	20 分	

其中左侧首列为纵向合并单元格"验收评分"，"评价分数"行及"不足之处"行如下：

验收评分	评价分数		
不足之处			

工作任务单 3

被评组号：_____　　检索号：　**4139-3**

小组间互评表

班级		评价小组		日期	年　月　日
评价指标	评价内容			分数	分数评定
汇报表述	表述准确			15 分	
	语言流畅			10 分	
	准确反映该组完成情况			15 分	
内容正确度	内容正确			30 分	
	句型表达到位			30 分	
互评分数					
简要评述					

工作任务单 4

组号：_____ 姓名：_____ 学号：_____ 检索号：__4139-4__

任务完成情况评价表

任务名称		旅游产品品牌管理		总得分	
评价依据		学生完成的 4136-1、4136-2 工作任务单，学生完成的 4137-1 工作任务单，学生完成的 4138-1 工作任务单，学生完成的 4139-1 工作任务单			
序号	任务内容及要求		配分	评分标准	教师评价
					结论 / 得分
1	能收集旅游企业资料，写出可使用的数据搜集方法及特点	（1）描述准确	10分	缺1个要点扣1分	
		（2）语言流畅	10分	酌情赋分	
2	能正确写出旅游企业产品品牌管理分析报告的常用格式	（1）描述准确	10分	缺1个要点扣1分	
		（2）语言流畅	10分	酌情赋分	
3	能绘制旅游企业产品品牌管理分析报告框架思维导图	（1）描述准确	10分	缺1个要点扣2分	
		（2）语言流畅	10分	酌情赋分	
4	能撰写旅游企业产品品牌管理分析报告	（1）描述准确	10分	缺1个要点扣2分	
		（2）语言流畅	10分	酌情赋分	
5	至少包含5项检索文献的目录清单	（1）数量	5分	少1项扣1分	
		（2）参考的主要内容要点	5分	酌情赋分	
6	素质素养评价	（1）沟通交流能力	10分	酌情赋分，但违反课堂纪律，不听从组长、教师安排的，不得分	
		（2）团队合作			
		（3）课堂纪律			
		（4）合作探学			
		（5）自主研学			
		（6）培养全局思维、大局意识			
		（7）培养全方位、多角度分析问题的能力			
		（8）培养开拓创新精神			

项目十

旅游产品价格策略制定

任务一　旅游产品价格构成分析

一、任务描述

学习价格策略，收集旅游企业资料，分析旅游产品价格构成，并绘制旅游产品价格构成思维导图。

二、学习目标

1. 知识目标

（1）掌握旅游产品价格理论。

（2）掌握旅游产品定价影响因素。

2. 能力目标

（1）能正确分析旅游产品价格构成。

（2）能绘制旅游产品价格构成的思维导图。

3. 素质素养目标

（1）培养正确的世界观、人生观、价值观。

（2）培养全方位、多角度分析问题的能力。

（3）培养诚实守信的意识。

三、重难点

1. 重点

旅游产品价格理论。

2. 难点

旅游产品定价影响因素。

视频　旅游产品价格构成分析

四、相关知识链接

旅游产品价格构成

五、任务分组

学生任务分配表

班级		组号		指导教师	
组长		学号			

	姓名	学号	姓名	学号
组员				
任务分工				

六、自主探究

工作任务单

组号：_____ 姓名：_____ 学号：_____ 检索号： 4216-1

引导问题：

（1）认真阅读知识链接资料，写出旅游产品价格构成。

_____

_____

（2）写出旅游产品定价影响因素。

_____

_____

（3）画出旅游产品价格构成思维导图。

七、合作研学

组号：_____　姓名：_____　学号：_____　检索号：　4217-1

引导问题：

（1）小组交流讨论，教师参与，优化旅游产品价格构成思维导图。

（2）记录自己存在的不足。

_____

_____

八、展示赏学

组号：_____　姓名：_____　学号：_____　检索号：　4218-1

引导问题：

每个小组推荐一位小组长，汇报各组思维导图，借鉴每组经验，进一步优化。

九、评价反馈

工作任务单 1

组号：_____ 姓名：_____ 学号：_____ 检索号：__4219-1__

个人自评表

班级		组名		日期	年 月 日
评价指标	评价内容			分数	分数评定
信息检索能力	能有效利用网络、图书资源查找有用的相关信息等，能将查到的信息有效地传递到学习中			10分	
感知课堂生活	熟悉营销岗位，认同营销工作价值；在学习中能获得满足感，认同课堂文化			10分	
参与态度	积极主动与老师、同学交流，相互尊重、理解、平等；与老师、同学之间能够保持多向、丰富、适宜的信息交流			10分	
沟通交流	能处理好合作学习和独立思考的关系，做到有效学习；能提出有意义的问题或能发表个人见解			10分	
知识能力获得	能写出旅游产品价格构成			10分	
	能正确写出旅游产品定价影响因素			20分	
	能绘制旅游产品价格构成思维导图			10分	
思维态度	能发现问题、提出问题、分析问题、解决问题、创新问题			10分	
自评反馈	按时按质地完成任务，较好地掌握了知识点，具有较强的信息分析能力和理解能力，具有较为全面、严谨的思维能力，并能条理清楚、明晰地表述成文			10分	
自评分数					
有益的经验和做法					
总结反馈建议					

工作任务单 2

组号：＿＿＿＿＿　　姓名：＿＿＿＿＿　　学号：＿＿＿＿＿　　检索号：__4219-2__

小组内互评验收表

验收组长		组名		日期	年　月　日
组内验收成员					
任务要求	能写出旅游产品价格构成，能写出旅游产品定价影响因素，能绘制旅游产品价格构成思维导图				
验收文档清单	被验收者 4216-1 工作任务单 被验收者 4217-1 工作任务单				
	文献检索清单				
验收评分	**评分标准**			**分数**	**得分**
	能写出旅游产品价格构成，错 1 处扣 5 分			20 分	
	能写出旅游产品定价影响因素，错 1 处扣 5 分			30 分	
	能绘制旅游产品价格构成思维导图，错 1 处扣 2 分			30 分	
	提供文献检索清单，少于 5 项，缺 1 项扣 4 分			20 分	
评价分数					
不足之处					

工作任务单 3

被评组号：＿＿＿＿＿＿＿＿＿＿＿＿＿＿＿＿＿＿＿　　检索号：__4219-3__

小组间互评表

班级		评价小组		日期	年　月　日
评价指标	**评价内容**			**分数**	**分数评定**
汇报表述	表述准确			15 分	
	语言流畅			10 分	
	准确反映该组完成情况			15 分	

续表

评价指标	评价内容	分数	分数评定
内容正确度	内容正确	30分	
	句型表达到位	30分	
	互评分数		
简要评述			

工作任务单 4

组号：_____　姓名：_____　学号：_____　检索号：4219-4

任务完成情况评价表

任务名称	旅游产品价格构成分析			总得分		
评价依据	学生完成的 4216-1 工作任务单，学生完成的 4217-1 工作任务单，学生完成的 4218-1 工作任务单，学生完成的 4219-1 工作任务单					
序号	任务内容及要求		配分	评分标准	教师评价	
					结论	得分
1	能写出旅游产品价格构成	（1）描述准确	10分	缺1个要点扣1分		
		（2）语言流畅	10分	酌情赋分		
2	能正确写出旅游产品定价影响因素	（1）描述准确	20分	缺1个要点扣1分		
		（2）语言流畅	10分	酌情赋分		
3	能绘制旅游产品价格构成思维导图	（1）描述准确	10分	缺1个要点扣2分		
		（2）语言流畅	10分	酌情赋分		
4	至少包含5项检索文献的目录清单	（1）数量	10分	少1项扣2分		
		（2）参考的主要内容要点	10分	酌情赋分		

续表

序号	任务内容及要求		配分	评分标准	教师评价	
					结论	得分
5	素质素养评价	（1）沟通交流能力	10分	酌情赋分，但违反课堂纪律，不听从组长、教师安排的，不得分		
		（2）团队合作				
		（3）课堂纪律				
		（4）合作探学				
		（5）自主研学				
		（6）培养正确的世界观、人生观、价值观				
		（7）培养全方位、多角度分析问题的能力				
		（8）培养诚实守信的意识				

任务二　旅游产品价格确定

一、任务描述

学习旅游产品价格定价流程、旅游产品定价方法，收集旅游企业资料，确定旅游产品价格，并绘制旅游产品定价流程图。

二、学习目标

1. 知识目标

（1）掌握旅游产品定价流程。

（2）掌握旅游产品定价方法。

2. 能力目标

（1）能掌握旅游产品定价流程。

（2）能绘制旅游产品定价流程图。

3. 素质素养目标

（1）培养正确的世界观、人生观、价值观。

（2）培养全方位、多角度分析问题的能力。

（3）培养诚实守信的意识。

三、重难点

1. 重点
旅游产品定价流程。

2. 难点
旅游产品定价方法。

视频　旅游产品价格确定

四、相关知识链接

旅游产品价格确定

五、任务分组

学生任务分配表

班级		组号		指导教师	
组长		学号			
组员	姓名	学号	姓名	学号	
任务分工					

六、自主探究

工作任务单

组号：_____　　姓名：_____　　学号：_____　　检索号：__4226-1__

引导问题：

（1）认真阅读知识链接资料，写出旅游产品定价方法。

_____

_____

（2）写出旅游产品定价流程。

_____

_____

（3）绘制旅游产品定价流程图。

七、合作研学

工作任务单

组号：_____　　姓名：_____　　学号：_____　　检索号：__4227-1__

引导问题：

（1）小组交流讨论，教师参与，优化旅游产品定价流程图。

（2）记录自己存在的不足。

_____

_____

八、展示赏学

工作任务单

组号：_____　姓名：_____　学号：_____　检索号：__4228-1__

引导问题：

每个小组推荐一位小组长，汇报各组定价流程图，借鉴每组经验，进一步优化流程图。

```
┌─────────────────────────────────────────────────┐
│                                                   │
│                                                   │
│                                                   │
│                                                   │
│                                                   │
│                                                   │
│                                                   │
└─────────────────────────────────────────────────┘
```

九、评价反馈

工作任务单 1

组号：_____　姓名：_____　学号：_____　检索号：__4229-1__

个人自评表

班级		组名		日期	年　月　日
评价指标	评价内容			分数	分数评定
信息检索能力	能有效利用网络、图书资源查找有用的相关信息等，能将查到的信息有效地传递到学习中			10分	
感知课堂生活	熟悉营销岗位，认同营销工作价值；在学习中能获得满足感，认同课堂文化			10分	
参与态度	积极主动与老师、同学交流，相互尊重、理解、平等；与老师、同学之间能够保持多向、丰富、适宜的信息交流			10分	

续表

评价指标	评价内容	分数	分数评定
沟通交流	能处理好合作学习和独立思考的关系，做到有效学习；能提出有意义的问题或能发表个人见解	10分	
知识能力获得	能写出旅游产品定价方法	10分	
	能正确写出旅游产品定价流程	20分	
	能绘制旅游产品定价流程图	10分	
思维态度	能发现问题、提出问题、分析问题、解决问题、创新问题	10分	
自评反馈	按时按质地完成任务，较好地掌握了知识点，具有较强的信息分析能力和理解能力，具有较为全面、严谨的思维能力，并能条理清楚、明晰地表述成文	10分	
自评分数			
有益的经验和做法			
总结反馈建议			

工作任务单 2

组号：_____　　姓名：_____　　学号：_____　　检索号：__4229-2__

小组内互评验收表

验收组长		组名		日期	年　月　日
组内验收成员					
任务要求	能写出旅游产品定价方法，能写出旅游产品定价流程，能绘制旅游产品定价流程图				
验收文档清单	被验收者 4226-1 工作任务单 被验收者 4227-1 工作任务单				
	文献检索清单				

续表

验收评分	评分标准	分数	得分
	能写出旅游产品定价方法，错1处扣5分	20分	
	能写出旅游产品定价流程，错1处扣5分	30分	
	能绘制旅游产品定价流程图，错1处扣2分	30分	
	提供文献检索清单，少于5项，缺1项扣4分	20分	
评价分数			
不足之处			

工作任务单 3

被评组号：_____　　检索号：__4229-3__

小组间互评表

班级		评价小组		日期	年 月 日
评价指标	评价内容			分数	分数评定
汇报表述	表述准确			15分	
	语言流畅			10分	
	准确反映该组完成情况			15分	
内容正确度	内容正确			30分	
	句型表达到位			30分	
互评分数					
简要评述					

工作任务单 4

组号：_____　姓名：_____　学号：_____　检索号：__4229-4__

任务完成情况评价表

任务名称	旅游产品价格确定			总得分	
评价依据	学生完成的 4226-1 工作任务单，学生完成的 4227-1 工作任务单，学生完成的 4228-1 工作任务单，学生完成的 4229-1 工作任务单				

序号	任务内容及要求		配分	评分标准	教师评价	
					结论	得分
1	能写出旅游产品定价方法	（1）描述准确	10分	缺1个要点扣1分		
		（2）语言流畅	10分	酌情赋分		
2	能正确写出旅游产品定价流程	（1）描述准确	20分	缺1个要点扣1分		
		（2）语言流畅	10分	酌情赋分		
3	能绘制旅游产品定价流程图	（1）描述准确	10分	缺1个要点扣2分		
		（2）语言流畅	10分	酌情赋分		
4	至少包含5项检索文献的目录清单	（1）数量	10分	少1项扣2分		
		（2）参考的主要内容要点	10分	酌情赋分		
5	素质素养评价	（1）沟通交流能力	10分	酌情赋分，但违反课堂纪律，不听从组长、教师安排的，不得分		
		（2）团队合作				
		（3）课堂纪律				
		（4）合作探学				
		（5）自主研学				
		（6）培养正确的世界观、人生观、价值观				
		（7）培养全方位、多角度分析问题的能力				
		（8）培养诚实守信的意识				

任务三　旅游产品价格调整

一、任务描述

收集旅游企业资料，进行市场调查，确定旅游产品价格调整，撰写价格调整分析报告。

二、学习目标

1. 知识目标

（1）掌握旅游产品提价策略。

（2）掌握旅游产品降价策略。

2. 能力目标

（1）能应对旅游产品调价。

（2）能分析旅游产品调价原因。

3. 素质素养目标

（1）培养正确的世界观、人生观、价值观。

（2）培养全方位、多角度分析问题的能力。

（3）培养诚实守信的意识。

三、重难点

1. 重点

旅游产品调价策略。

2. 难点

应对旅游产品调价策略。

视频　旅游产品价格调整

四、相关知识链接

旅游产品的价格变动策略

五、任务分组

学生任务分配表

班级		组号		指导教师	
组长		学号			
组员	姓名	学号	姓名	学号	
任务分工					

六、自主探究

工作任务单

组号：_____　　姓名：_____　　学号：_____　　检索号：__4236-1__

引导问题：

（1）认真阅读知识链接资料，写出旅游产品调价策略。

_____

_____

（2）写出应对旅游产品调价的策略。

_____

_____

（3）撰写调价分析报告。

七、合作研学

工作任务单

组号：＿＿＿＿＿＿　　姓名：＿＿＿＿＿＿　　学号：＿＿＿＿＿＿　　检索号：＿＿4237-1＿＿

引导问题：

（1）小组交流讨论，教师参与，优化旅游产品调价分析报告。

＿＿＿＿＿＿＿＿＿＿＿＿＿＿＿＿＿＿＿＿＿＿＿＿＿＿＿＿＿＿＿＿＿＿＿＿＿

＿＿＿＿＿＿＿＿＿＿＿＿＿＿＿＿＿＿＿＿＿＿＿＿＿＿＿＿＿＿＿＿＿＿＿＿＿

（2）记录自己存在的不足。

＿＿＿＿＿＿＿＿＿＿＿＿＿＿＿＿＿＿＿＿＿＿＿＿＿＿＿＿＿＿＿＿＿＿＿＿＿

＿＿＿＿＿＿＿＿＿＿＿＿＿＿＿＿＿＿＿＿＿＿＿＿＿＿＿＿＿＿＿＿＿＿＿＿＿

八、展示赏学

工作任务单

组号：＿＿＿＿＿＿　　姓名：＿＿＿＿＿＿　　学号：＿＿＿＿＿＿　　检索号：＿＿4238-1＿＿

引导问题：

每个小组推荐一位小组长，汇报各组调价分析报告，借鉴每组经验，进一步优化。

＿＿＿＿＿＿＿＿＿＿＿＿＿＿＿＿＿＿＿＿＿＿＿＿＿＿＿＿＿＿＿＿＿＿＿＿＿

＿＿＿＿＿＿＿＿＿＿＿＿＿＿＿＿＿＿＿＿＿＿＿＿＿＿＿＿＿＿＿＿＿＿＿＿＿

九、评价反馈

工作任务单 1

组号：＿＿＿＿＿＿　　姓名：＿＿＿＿＿＿　　学号：＿＿＿＿＿＿　　检索号：＿＿4239-1＿＿

个人自评表

班级		组名		日期	年　月　日
评价指标	评价内容			分数	分数评定
信息检索能力	能有效利用网络、图书资源查找有用的相关信息等，能将查到的信息有效地传递到学习中			10分	
感知课堂生活	熟悉营销岗位，认同营销工作价值；在学习中能获得满足感，认同课堂文化			10分	

评价指标	评价内容	分数	分数评定
参与态度	积极主动与老师、同学交流，相互尊重、理解、平等；与老师、同学之间能够保持多向、丰富、适宜的信息交流	10分	
沟通交流	能处理好合作学习和独立思考的关系，做到有效学习；能提出有意义的问题或能发表个人见解	10分	
知识能力获得	能写出旅游产品调价策略	10分	
	能写出应对旅游产品调价的策略	20分	
	能撰写旅游产品调价分析报告	10分	
思维态度	能发现问题、提出问题、分析问题、解决问题、创新问题	10分	
自评反馈	按时按质地完成任务，较好地掌握了知识点，具有较强的信息分析能力和理解能力，具有较为全面、严谨的思维能力，并能条理清楚、明晰地表述成文	10分	
自评分数			
有益的经验和做法			
总结反馈建议			

工作任务单 2

组号：_____　　姓名：_____　　学号：_____　　检索号：__4239-2__

小组内互评验收表

验收组长		组名		日期	年　月　日
组内验收成员					
任务要求	能写出旅游产品调价策略，能写出应对旅游产品调价的策略，能撰写旅游产品调价分析报告				
验收文档清单	被验收者 4236-1 工作任务单 被验收者 4237-1 工作任务单				
	文献检索清单				

续表

验收评分	评分标准	分数	得分
	能写出旅游产品调价策略，错1处扣5分	20分	
	能写出应对旅游产品调价的策略，错1处扣5分	30分	
	能撰写旅游产品调价分析报告，错1处扣2分	30分	
	提供文献检索清单，少于5项，缺1项扣4分	20分	
评价分数			
不足之处			

工作任务单3

被评组号：_____ 检索号：___4239-3___

小组间互评表

班级		评价小组		日期	年 月 日
评价指标	评价内容			分数	分数评定
汇报表述	表述准确			15分	
	语言流畅			10分	
	准确反映该组完成情况			15分	
内容正确度	内容正确			30分	
	句型表达到位			30分	
互评分数					
简要评述					

工作任务单 4

组号：_____　　姓名：_____　　学号：_____　　检索号：　4239-4

任务完成情况评价表

任务名称		旅游产品价格调整			总得分	
评价依据		学生完成的 4236-1 工作任务单，学生完成的 4237-1 工作任务单，学生完成的 4238-1 工作任务单，学生完成的 4239-1 工作任务单				
序号	任务内容及要求		配分	评分标准	教师评价	
					结论	得分
1	能写出旅游产品调价策略	（1）描述准确	10分	缺1个要点扣1分		
		（2）语言流畅	10分	酌情赋分		
2	能写出应对旅游产品调价的策略	（1）描述准确	20分	缺1个要点扣1分		
		（2）语言流畅	10分	酌情赋分		
3	能撰写旅游产品调价分析报告	（1）描述准确	10分	缺1个要点扣2分		
		（2）语言流畅	10分	酌情赋分		
4	至少包含5项检索文献的目录清单	（1）数量	10分	少1项扣2分		
		（2）参考的主要内容要点	10分	酌情赋分		
5	素质素养评价	（1）沟通交流能力	10分	酌情赋分，但违反课堂纪律，不听从组长、教师安排的，不得分		
		（2）团队合作				
		（3）课堂纪律				
		（4）合作探学				
		（5）自主研学				
		（6）培养正确的世界观、人生观、价值观				
		（7）培养全方位、多角度分析问题的能力				
		（8）培养诚实守信的意识				

项目十一

旅游促销策略制定

任务一　旅游人员推销

一、任务描述

学习旅游人员推销步骤和技巧，撰写个性化推销话术。

二、学习目标

1. 知识目标

（1）掌握旅游人员推销原则、方式和步骤。

（2）掌握推销技巧。

2. 能力目标

（1）能正确选择合适的推销术语。

（2）能取得客户理解。

3. 素质素养目标

（1）培养正确的世界观、人生观、价值观。

（2）培养全方位、多角度分析问题的能力。

（3）培养诚实守信的意识。

三、重难点

1. 重点

旅游人员推销方式与步骤。

2. 难点

旅游人员推销的技巧。

视频　旅游人员推销

四、相关知识链接

旅游人员推销

五、任务分组

学生任务分配表

班级		组号		指导教师	
组长		学号			
组员	姓名	学号	姓名	学号
任务分工				

六、自主探究

工作任务单 1

组号：_____　姓名：_____　学号：_____　检索号：__4316-1__

引导问题：

（1）认真阅读知识链接资料，写出旅游人员推销方式及原则。

_____

_____

（2）写出旅游人员推销的技巧。

_____

_____

工作任务单 2

组号：＿＿＿＿＿＿　　姓名：＿＿＿＿＿＿　　学号：＿＿＿＿＿＿　　检索号：＿＿4316−2＿＿

引导问题：

（1）画出旅游人员推销步骤鱼骨图。

（2）撰写旅游人员推销个性话术。

＿＿＿＿＿＿＿＿＿＿＿＿＿＿＿＿＿＿＿＿＿＿＿＿＿＿＿＿＿＿＿＿＿＿＿＿＿

＿＿＿＿＿＿＿＿＿＿＿＿＿＿＿＿＿＿＿＿＿＿＿＿＿＿＿＿＿＿＿＿＿＿＿＿＿

七、合作研学

工作任务单

组号：＿＿＿＿＿＿　　姓名：＿＿＿＿＿＿　　学号：＿＿＿＿＿＿　　检索号：＿＿4317−1＿＿

引导问题：

（1）小组交流讨论，教师参与，优化话术。

＿＿＿＿＿＿＿＿＿＿＿＿＿＿＿＿＿＿＿＿＿＿＿＿＿＿＿＿＿＿＿＿＿＿＿＿＿

＿＿＿＿＿＿＿＿＿＿＿＿＿＿＿＿＿＿＿＿＿＿＿＿＿＿＿＿＿＿＿＿＿＿＿＿＿

（2）记录自己存在的不足。

＿＿＿＿＿＿＿＿＿＿＿＿＿＿＿＿＿＿＿＿＿＿＿＿＿＿＿＿＿＿＿＿＿＿＿＿＿

＿＿＿＿＿＿＿＿＿＿＿＿＿＿＿＿＿＿＿＿＿＿＿＿＿＿＿＿＿＿＿＿＿＿＿＿＿

八、展示赏学

工作任务单

组号：＿＿＿＿＿＿　　姓名：＿＿＿＿＿＿　　学号：＿＿＿＿＿＿　　检索号：＿＿4318−1＿＿

引导问题：

每个小组推荐一位小组长，汇报各组推销话术，借鉴每组经验，进一步优化并形成个性话术。

_____

_____

九、评价反馈

工作任务单 1

组号：_____　姓名：_____　学号：_____　检索号：__4319-1__

个人自评表

班级		组名		日期	年　月　日
评价指标	评价内容			分数	分数评定
信息检索能力	能有效利用网络、图书资源查找有用的相关信息等，能将查到的信息有效地传递到学习中			10分	
感知课堂生活	熟悉营销岗位，认同营销工作价值；在学习中能获得满足感，认同课堂文化			10分	
参与态度	积极主动与老师、同学交流，相互尊重、理解、平等；与老师、同学之间能够保持多向、丰富、适宜的信息交流			10分	
沟通交流	能处理好合作学习和独立思考的关系，做到有效学习；能提出有意义的问题或能发表个人见解			10分	
知识能力获得	能写出旅游人员推销原则、方式			10分	
	能正确写出推销技巧			10分	
	能绘制旅游人员推销步骤鱼骨图			10分	
	能撰写推销话术			10分	
思维态度	能发现问题、提出问题、分析问题、解决问题、创新问题			10分	
自评反馈	按时按质地完成任务，较好地掌握了知识点，具有较强的信息分析能力和理解能力，具有较为全面、严谨的思维能力，并能条理清楚、明晰地表述成文			10分	
自评分数					

续表

有益的经验和做法	
总结反馈建议	

工作任务单 2

组号：_____ 姓名：_____ 学号：_____ 检索号：<u>4319-2</u>

小组内互评验收表

验收组长		组名		日期	年　月　日
组内验收成员					
任务要求	能写出旅游人员推销原则、方式，能正确写出推销技巧，能绘制旅游人员推销步骤鱼骨图，能撰写推销话术				
验收文档清单	被验收者 4316-1 工作任务单 被验收者 4316-2 工作任务单 被验收者 4317-1 工作任务单				
	文献检索清单				
验收评分	评分标准			分数	得分
	能写出旅游人员推销原则、方式，错 1 处扣 5 分			20 分	
	能写出推销技巧，错 1 处扣 5 分			20 分	
	能绘制旅游人员推销步骤鱼骨图，错 1 处扣 2 分			20 分	
	能撰写推销话术，错 1 处扣 2 分			20 分	
	提供文献检索清单，少于 5 项，缺 1 项扣 4 分			20 分	
	评价分数				
不足之处					

工作任务单 3

被评组号：_____　　　　　检索号：　4319-3　

小组间互评表

班级		评价小组		日期	年　月　日
评价指标	评价内容			分数	分数评定
汇报表述	表述准确			15分	
	语言流畅			10分	
	准确反映该组完成情况			15分	
内容正确度	内容正确			30分	
	句型表达到位			30分	
互评分数					
简要评述					

工作任务单 4

组号：_____　姓名：_____　学号：_____　检索号：　4319-4　

任务完成情况评价表

任务名称		旅游人员推销		总得分	
评价依据	学生完成的 4316-1、4316-2 工作任务单，学生完成的 4317-1 工作任务单，学生完成的 4318-1 工作任务单，学生完成的 4319-1 工作任务单				
序号	任务内容及要求		配分	评分标准	教师评价
					结论　　得分
1	能写出旅游人员推销原则、方式	（1）描述准确	10分	缺1个要点扣1分	
		（2）语言流畅	10分	酌情赋分	

续表

序号	任务内容及要求		配分	评分标准	教师评价	
					结论	得分
2	能正确写出推销技巧	（1）描述准确	10分	缺1个要点扣1分		
		（2）语言流畅	10分	酌情赋分		
3	能绘制旅游人员推销步骤鱼骨图	（1）描述准确	10分	缺1个要点扣2分		
		（2）语言流畅	10分	酌情赋分		
4	能撰写推销话术	（1）描述准确	10分	缺1个要点扣2分		
		（2）语言流畅	10分	酌情赋分		
5	至少包含5项检索文献的目录清单	（1）数量	5分	少1项扣1分		
		（2）参考的主要内容要点	5分	酌情赋分		
6	素质素养评价	（1）沟通交流能力	10分	酌情赋分，但违反课堂纪律，不听从组长、教师安排的，不得分		
		（2）团队合作				
		（3）课堂纪律				
		（4）合作探学				
		（5）自主研学				
		（6）培养正确的世界观、人生观、价值观				
		（7）培养全方位、多角度分析问题的能力				
		（8）培养诚实守信的意识				

任务二　旅游广告策划

一、任务描述

学习旅游广告概念、作用，撰写旅游广告策划方案。

二、学习目标

1. 知识目标

（1）掌握旅游广告概念与作用。

（2）掌握旅游广告策划方案内容。

2. 能力目标

（1）能正确选择旅游广告类型及投放渠道。

（2）能撰写旅游广告策划方案。

3. 素质素养目标

（1）培养审美意识。

（2）培养全方位、多角度分析问题的能力。

（3）培养诚实守信的意识。

三、重难点

1. 重点

旅游广告的作用。

2. 难点

旅游广告策划方案。

视频　旅游广告策划

四、相关知识链接

旅游广告策划

五、任务分组

学生任务分配表

班级		组号		指导教师	
组长		学号			
组员	姓名	学号	姓名	学号
任务分工				

六、自主探究

工作任务单 1

组号：＿＿＿＿＿＿　姓名：＿＿＿＿＿＿　学号：＿＿＿＿＿＿　检索号：＿＿4326-1＿＿

引导问题：

（1）认真阅读知识链接资料，写出旅游广告的概念与类型。

＿＿＿＿＿＿＿＿＿＿＿＿＿＿＿＿＿＿＿＿＿＿＿＿＿＿＿＿＿＿＿＿

＿＿＿＿＿＿＿＿＿＿＿＿＿＿＿＿＿＿＿＿＿＿＿＿＿＿＿＿＿＿＿＿

（2）写出旅游广告的作用。

＿＿＿＿＿＿＿＿＿＿＿＿＿＿＿＿＿＿＿＿＿＿＿＿＿＿＿＿＿＿＿＿

＿＿＿＿＿＿＿＿＿＿＿＿＿＿＿＿＿＿＿＿＿＿＿＿＿＿＿＿＿＿＿＿

工作任务单 2

组号：＿＿＿＿＿＿　姓名：＿＿＿＿＿＿　学号：＿＿＿＿＿＿　检索号：＿＿4326-2＿＿

引导问题：

（1）写出旅游广告策划方案内容。

_____

_____

_____

_____

（2）撰写旅游广告策划方案。

七、合作研学

工作任务单

组号：_____　　姓名：_____　　学号：_____　　检索号：__4327-1__

引导问题：

（1）小组交流讨论，教师参与，优化旅游广告策划方案。

_____

_____

_____

（2）记录自己存在的不足。

_____

_____

_____

八、展示赏学

工作任务单

组号：_____　　姓名：_____　　学号：_____　　检索号：__4328-1__

引导问题：

每个小组推荐一位小组长，汇报各组旅游广告策划方案，借鉴每组经验，进一步优化旅游广告策划方案。

_____

_____

_____

九、评价反馈

组号：_____ 姓名：_____ 学号：_____ 检索号：___4329-1___

个人自评表

班级		组名		日期	年　月　日
评价指标	评价内容			分数	分数评定
信息检索能力	能有效利用网络、图书资源查找有用的相关信息等，能将查到的信息有效地传递到学习中			10分	
感知课堂生活	熟悉旅游广告岗位，认同旅游广告工作价值；在学习中能获得满足感，认同课堂文化			10分	
参与态度	积极主动与老师、同学交流，相互尊重、理解、平等；与老师、同学之间能够保持多向、丰富、适宜的信息交流			10分	
沟通交流	能处理好合作学习和独立思考的关系，做到有效学习；能提出有意义的问题或能发表个人见解			10分	
知识能力获得	能写出旅游广告的概念与类型			10分	
	能正确写出旅游广告的作用			10分	
	能写出旅游广告策划方案的内容			10分	
	能撰写旅游广告策划方案			10分	
思维态度	能发现问题、提出问题、分析问题、解决问题、创新问题			10分	
自评反馈	按时按质地完成任务，较好地掌握了知识点，具有较强的信息分析能力和理解能力，具有较为全面、严谨的思维能力，并能条理清楚、明晰地表述成文			10分	
自评分数					
有益的经验和做法					
总结反馈建议					

工作任务单 2

组号：＿＿＿＿＿　姓名：＿＿＿＿＿＿　学号：＿＿＿＿＿＿　检索号：＿＿4329-2＿＿

小组内互评验收表

验收组长		组名		日期	年　月　日
组内验收成员					
任务要求	能写出旅游广告的概念与类型，能写出旅游广告的作用，能写出旅游广告策划方案的内容，能撰写旅游广告策划方案				
验收文档清单	被验收者 4326-1 工作任务单 被验收者 4326-2 工作任务单 被验收者 4327-1 工作任务单				
	文献检索清单				
验收评分	**评分标准**			**分数**	**得分**
	能写出旅游广告的概念与类型，错 1 处扣 5 分			20 分	
	能写出旅游广告的作用，错 1 处扣 5 分			20 分	
	能写出旅游广告策划方案内容，错 1 处扣 2 分			20 分	
	能撰写旅游广告策划方案，错 1 处扣 2 分			20 分	
	提供文献检索清单，少于 5 项，缺 1 项扣 4 分			20 分	
评价分数					
不足之处					

工作任务单 3

被评组号：＿＿＿＿＿＿＿＿＿＿＿＿＿＿＿＿＿＿＿＿　检索号：＿＿4329-3＿＿

小组间互评表

班级		评价小组		日期	年　月　日
评价指标	**评价内容**			**分数**	**分数评定**
汇报表述	表述准确			15 分	
	语言流畅			10 分	

续表

评价指标	评价内容	分数	分数评定
汇报表述	准确反映该组完成情况	15分	
内容 正确度	内容正确	30分	
	句型表达到位	30分	
互评分数			
简要评述			

工作任务单 4

组号：＿＿＿＿　姓名：＿＿＿＿　学号：＿＿＿＿　检索号：＿4329-4＿

任务完成情况评价表

任务名称		旅游广告策划		总得分	
评价依据		学生完成的 4326-1、4326-2 工作任务单，学生完成的 4327-1 工作任务单，学生完成的 4328-1 工作任务单，学生完成的 4329-1 工作任务单			

序号	任务内容及要求		配分	评分标准	教师评价	
					结论	得分
1	能写出旅游广告的概念与类型	（1）描述准确	10分	缺1个要点扣1分		
		（2）语言流畅	10分	酌情赋分		
2	能写出旅游广告的作用	（1）描述准确	10分	缺1个要点扣1分		
		（2）语言流畅	10分	酌情赋分		
3	能写出旅游广告策划方案的内容	（1）描述准确	10分	缺1个要点扣2分		
		（2）语言流畅	10分	酌情赋分		
4	能撰写旅游广告策划方案	（1）描述准确	10分	缺1个要点扣2分		
		（2）语言流畅	10分	酌情赋分		

序号	任务内容及要求		配分	评分标准	教师评价	
					结论	得分
5	至少包含5项检索文献的目录清单	（1）数量	5分	少1项扣1分		
		（2）参考的主要内容要点	5分	酌情赋分		
6	素质素养评价	（1）沟通交流能力	10分	酌情赋分，但违反课堂纪律，不听从组长、教师安排的，不得分		
		（2）团队合作				
		（3）课堂纪律				
		（4）合作探学				
		（5）自主研学				
		（6）培养审美意识				
		（7）培养全方位、多角度分析问题的能力				
		（8）培养诚实守信的意识				

任务三　旅游营业推广

一、任务描述

学习旅游营业推广的概念、作用、形式，撰写旅游营业推广的策划方案。

二、学习目标

1. 知识目标

（1）掌握旅游营业推广的概念、作用与类型。

（2）掌握旅游营业推广策划方案的内容。

2. 能力目标

（1）能选择合适的旅游营业推广类型。

（2）能撰写旅游营业推广策划方案。

3. 素质素养目标

（1）培养成本管理意识。

（2）培养全方位、多角度分析问题的能力。

（3）培养诚实守信的意识。

三、重难点

1. 重点

旅游营业推广的类型。

2. 难点

旅游营业推广策划方案。

视频　旅游营业推广

四、相关知识链接

旅游营业推广

五、任务分组

学生任务分配表

班级		组号		指导教师	
组长		学号			
组员	姓名	学号	姓名	学号
任务分工				

六、自主探究

工作任务单 1

组号：_____　姓名：_____　学号：_____　检索号：__4336-1__

引导问题：

（1）认真阅读知识链接资料，写出旅游营业推广的概念与作用。

_____

_____

（2）写出旅游广告的类型。

_____

_____

工作任务单 2

组号：_____　姓名：_____　学号：_____　检索号：__4336-2__

引导问题：

（1）写出旅游营业推广策划方案的内容。

_____

_____

（2）撰写旅游营业推广策划方案。

七、合作研学

工作任务单

组号：_____　姓名：_____　学号：_____　检索号：__4337-1__

引导问题：

（1）小组交流讨论，教师参与，优化旅游营业推广策划方案。

_____

_____

（2）记录自己存在的不足。

_____

_____

八、展示赏学

工作任务单

组号：＿＿＿＿＿＿　姓名：＿＿＿＿＿＿　学号：＿＿＿＿＿＿　检索号：＿4338-1＿

引导问题：

每个小组推荐一位小组长，汇报各组旅游营业推广策划方案，借鉴每组经验，进一步优化旅游营业推广策划方案。

＿＿＿＿＿＿＿＿＿＿＿＿＿＿＿＿＿＿＿＿＿＿＿＿＿＿＿＿＿＿＿＿＿＿＿＿＿＿

＿＿＿＿＿＿＿＿＿＿＿＿＿＿＿＿＿＿＿＿＿＿＿＿＿＿＿＿＿＿＿＿＿＿＿＿＿＿

九、评价反馈

工作任务单 1

组号：＿＿＿＿＿＿　姓名：＿＿＿＿＿＿　学号：＿＿＿＿＿＿　检索号：＿4339-1＿

个人自评表

班级		组名		日期	年　月　日
评价指标	评价内容			分数	分数评定
信息检索能力	能有效利用网络、图书资源查找有用的相关信息等，能将查到的信息有效地传递到学习中			10分	
感知课堂生活	熟悉旅游营业推广岗位，认同旅游营业推广工作价值；在学习中能获得满足感，认同课堂文化			10分	
参与态度	积极主动与老师、同学交流，相互尊重、理解、平等；与老师、同学之间能够保持多向、丰富、适宜的信息交流			10分	
沟通交流	能处理好合作学习和独立思考的关系，做到有效学习；能提出有意义的问题或能发表个人见解			10分	
知识能力获得	能写出旅游营业推广的概念与作用			10分	
	能正确写出旅游营业推广的类型			10分	
	能写出旅游营业推广策划方案的内容			10分	
	能撰写旅游营业推广策划方案			10分	
思维态度	能发现问题、提出问题、分析问题、解决问题、创新问题			10分	

评价指标	评价内容	分数	分数评定
自评反馈	按时按质地完成任务，较好地掌握了知识点，具有较强的信息分析能力和理解能力，具有较为全面、严谨的思维能力，并能条理清楚、明晰地表述成文	10分	
自评分数			
有益的经验和做法			
总结反馈建议			

工作任务单 2

组号：_____　　姓名：_____　　学号：_____　　检索号：__4339-2__

小组内互评验收表

验收组长		组名		日期	年　月　日
组内验收成员					
任务要求	能写出旅游营业推广的概念与作用，能写出旅游营业推广的类型，能写出旅游营业推广策划方案的内容，能撰写旅游营业推广策划方案				
验收文档清单	被验收者 4336-1 工作任务单 被验收者 4336-2 工作任务单 被验收者 4337-1 工作任务单 文献检索清单				
验收评分	**评分标准**			**分数**	**得分**
	能写出旅游营业推广的概念与作用，错 1 处扣 5 分			20分	
	能写出旅游营业推广的类型，错 1 处扣 5 分			20分	
	能写出旅游营业推广策划方案的内容，错 1 处扣 2 分			20分	
	能撰写旅游营业推广策划方案，错 1 处扣 2 分			20分	
	提供文献检索清单，少于 5 项，缺 1 项扣 4 分			20分	
评价分数					

续表

不足之处	

工作任务单 3

被评组号：_____　　　检索号：___4339-3___

小组间互评表

班级		评价小组		日期	年　月　日
评价指标	评价内容			分数	分数评定
汇报表述	表述准确			15 分	
	语言流畅			10 分	
	准确反映该组完成情况			15 分	
内容 正确度	内容正确			30 分	
	句型表达到位			30 分	
互评分数					
简要评述					

工作任务单 4

组号：_____　姓名：_____　学号：_____　　检索号：___4339-4___

任务完成情况评价表

任务名称	旅游营业推广	总得分	
评价依据	学生完成的 4336-1、4336-2 工作任务单，学生完成的 4337-1 工作任务单，学生完成的 4338-1 工作任务单，学生完成的 4339-1 工作任务单		

续表

序号	任务内容及要求		配分	评分标准	教师评价	
					结论	得分
1	能写出旅游营业推广的概念与作用	（1）描述准确	10分	缺1个要点扣1分		
		（2）语言流畅	10分	酌情赋分		
2	能写出旅游营业推广的类型	（1）描述准确	10分	缺1个要点扣1分		
		（2）语言流畅	10分	酌情赋分		
3	能写出旅游营业推广策划方案内容	（1）描述准确	10分	缺1个要点扣2分		
		（2）语言流畅	10分	酌情赋分		
4	能撰写旅游营业推广策划方案	（1）描述准确	10分	缺1个要点扣2分		
		（2）语言流畅	10分	酌情赋分		
5	至少包含5项检索文献的目录清单	（1）数量	5分	少1项扣1分		
		（2）参考的主要内容要点	5分	酌情赋分		
6	素质素养评价	（1）沟通交流能力	10分	酌情赋分，但违反课堂纪律，不听从组长、教师安排的，不得分		
		（2）团队合作				
		（3）课堂纪律				
		（4）合作探学				
		（5）自主研学				
		（6）培养成本管理意识				
		（7）培养全方位、多角度分析问题的能力				
		（8）培养诚实守信的意识				

任务四　旅游公共关系

一、任务描述

学习旅游公共关系的概念、作用、类型、活动流程，养成旅游公共关系危机意识，画出旅游公共关系流程图。

二、学习目标

1. 知识目标

（1）掌握旅游公共关系的概念、作用、类型。

（2）掌握旅游公共关系四步工作法。

2. 能力目标

（1）能选择合适的旅游公共关系类型。

（2）能画出旅游公共关系流程图。

3. 素质素养目标

（1）培养公共关系危机意识。

（2）培养全方位、多角度分析问题的能力。

（3）培养诚实守信的意识。

三、重难点

1. 重点

旅游公共关系的类型。

2. 难点

旅游公共关系四步工作法。

视频　旅游公共关系

四、相关知识链接

旅游公共关系

五、任务分组

学生任务分配表

班级		组号		指导教师	
组长		学号			
组员	姓名	学号	姓名	学号
任务分工				

六、自主探究

工作任务单 1

组号：_____　　姓名：_____　　学号：_____　　检索号：__4346-1__

引导问题：

（1）认真阅读知识链接资料，写出旅游公共关系的概念与作用。

_____

_____

（2）写出旅游公共关系的类型。

_____

_____

工作任务单 2

组号：_____ 姓名：_____ 学号：_____ 检索号：__4346-2__

引导问题：

（1）写出旅游公共关系四步工作法。

_____

_____

（2）画出旅游公共关系流程图。

七、合作研学

工作任务单

组号：_____ 姓名：_____ 学号：_____ 检索号：__4347-1__

引导问题：

（1）小组交流讨论，教师参与，优化旅游公共关系流程图。

（2）记录自己存在的不足。

_____

_____

八、展示赏学

组号：＿＿＿＿＿　姓名：＿＿＿＿＿　学号：＿＿＿＿＿　检索号：＿4348-1＿

引导问题：

每个小组推荐一位小组长，汇报各组旅游公共关系流程图，借鉴每组经验，进一步优化流程图。

九、评价反馈

工作任务单 1

组号：＿＿＿＿＿　姓名：＿＿＿＿＿　学号：＿＿＿＿＿　检索号：＿4349-1＿

个人自评表

班级		组名		日期	年　月　日
评价指标	评价内容			分数	分数评定
信息检索能力	能有效利用网络、图书资源查找有用的相关信息等，能将查到的信息有效地传递到学习中			10分	
感知课堂生活	熟悉旅游公共关系岗位，认同旅游公共关系工作价值；在学习中能获得满足感，认同课堂文化			10分	
参与态度	积极主动与老师、同学交流，相互尊重、理解、平等；与老师、同学之间能够保持多向、丰富、适宜的信息交流			10分	
沟通交流	能处理好合作学习和独立思考的关系，做到有效学习；能提出有意义的问题或能发表个人见解			10分	
知识能力获得	能写出旅游公共关系的概念与作用			10分	
	能正确写出旅游公共关系的类型			10分	

续表

评价指标	评价内容	分数	分数评定
知识能力获得	能写出旅游公共关系四步工作法	10分	
	能画出旅游公共关系流程图	10分	
思维态度	能发现问题、提出问题、分析问题、解决问题、创新问题	10分	
自评反馈	按时按质地完成任务，较好地掌握了知识点，具有较强的信息分析能力和理解能力，具有较为全面、严谨的思维能力，并能条理清楚、明晰地表述成文	10分	
自评分数			
有益的经验和做法			
总结反馈建议			

工作任务单 2

组号：_____　　姓名：_____　　学号：_____　　检索号：　4349-2

小组内互评验收表

验收组长		组名		日期	年　月　日
组内验收成员					
任务要求	能写出旅游公共关系的概念与作用，能写出旅游公共关系的类型，能写出旅游公共关系四步工作法，能画出旅游公共关系流程图				
验收文档清单	被验收者 4346-1 工作任务单 被验收者 4346-2 工作任务单 被验收者 4347-1 工作任务单				
	文献检索清单				

续表

验收评分	评分标准	分数	得分
	能写出旅游公共关系的概念与作用，错1处扣5分	20分	
	能写出旅游公共关系的类型，错1处扣5分	20分	
	能写出旅游公共关系四步工作法，错1处扣2分	20分	
	能画出旅游公共关系流程图，错1处扣2分	20分	
	提供文献检索清单，少于5项，缺1项扣4分	20分	
评价分数			
不足之处			

工作任务单3

被评组号：_____　　检索号：___4349-3___

小组间互评表

班级		评价小组		日期	年　月　日
评价指标	评价内容			分数	分数评定
汇报表述	表述准确			15分	
	语言流畅			10分	
	准确反映该组完成情况			15分	
内容正确度	内容正确			30分	
	句型表达到位			30分	
互评分数					
简要评述					

工作任务单 4

组号：＿＿＿＿＿ 姓名：＿＿＿＿＿ 学号：＿＿＿＿＿ 检索号：＿4349-4＿

任务完成情况评价表

任务名称		旅游公共关系		总得分	
评价依据		学生完成的 4336-1、4336-2 工作任务单，学生完成的 4337-1 工作任务单，学生完成的 4338-1 工作任务单，学生完成的 4339-1 工作任务单			
序号	任务内容及要求		配分	评分标准	教师评价
					结论　　得分
1	能写出旅游公共关系的概念与作用	（1）描述准确	10分	缺1个要点扣1分	
		（2）语言流畅	10分	酌情赋分	
2	能写出旅游公共关系的类型	（1）描述准确	10分	缺1个要点扣1分	
		（2）语言流畅	10分	酌情赋分	
3	能写出旅游公共关系四步工作法	（1）描述准确	10分	缺1个要点扣2分	
		（2）语言流畅	10分	酌情赋分	
4	能画出旅游公共关系流程图	（1）描述准确	10分	缺1个要点扣2分	
		（2）语言流畅	10分	酌情赋分	
5	至少包含5项检索文献的目录清单	（1）数量	5分	少1项扣1分	
		（2）参考的主要内容要点	5分	酌情赋分	
6	素质素养评价	（1）沟通交流能力	10分	酌情赋分，但违反课堂纪律，不听从组长、教师安排的，不得分	
		（2）团队合作			
		（3）课堂纪律			
		（4）合作探学			
		（5）自主研学			
		（6）培养公共关系危机意识			
		（7）培养全方位、多角度分析问题的能力			
		（8）培养诚实守信的意识			

项目十二

旅游销售渠道策略制定

任务一　旅游销售渠道选择

一、任务描述

搜集旅游销售渠道资料进行分析，选择适合旅游企业产品的销售渠道，完成旅游渠道分析报告。

二、学习目标

1. 知识目标

（1）掌握资料收集归纳方法。

（2）掌握旅游销售渠道决策知识。

2. 能力目标

（1）能正确选择分析方法。

（2）能根据分析结果选择渠道。

3. 素质素养目标

（1）培养全局思维、大局意识。

（2）培养全方位、多角度分析问题的能力。

（3）培养诚实守信的意识。

三、重难点

1. 重点

分析方法的选择及使用。

2. 难点

旅游渠道分析报告撰写。

视频　旅游销售渠道选择

四、相关知识链接

数据收集方式

数据整理

数据分析

五、任务分组

学生任务分配表

班级		组号		指导教师	
组长		学号			

	姓名	学号	姓名	学号
组员				
任务分工				

六、自主探究

工作任务单 1

组号：_____ 姓名：_____ 学号：_____ 检索号：__4416-1__

引导问题：

（1）认真阅读旅游企业资料，写出可使用的数据搜集方法及特点。

_____

_____

（2）写出旅游渠道分析报告常用格式。

_____

_____

工作任务单 2

组号：_____　姓名：_____　学号：_____　检索号：__4416-2__

引导问题：

（1）画出分析报告思维导图。

（2）撰写旅游销售渠道分析报告。

七、合作研学

工作任务单

组号：_____　姓名：_____　学号：_____　检索号：__4417-1__

引导问题：

（1）小组交流讨论，教师参与，优化分析报告思维导图，完善旅游销售渠道分析报告。

（2）记录自己存在的不足。

_____

_____

八、展示赏学

工作任务单

组号：_____ 姓名：_____ 学号：_____ 检索号：____4418-1____

引导问题：

每个小组推荐一位小组长，汇报思维导图和旅游销售渠道分析报告，借鉴每组经验，进一步优化思维导图和完善旅游销售渠道分析报告。

_____

_____

九、评价反馈

工作任务单 1

组号：_____ 姓名：_____ 学号：_____ 检索号：____4419-1____

个人自评表

班级		组名		日期	年 月 日
评价指标	评价内容			分数	分数评定
信息检索能力	能有效利用网络、图书资源查找有用的相关信息等，能将查到的信息有效地传递到学习中			10分	
感知课堂生活	熟悉旅游营销岗位，认同旅游营销工作价值；在学习中能获得满足感，认同课堂文化			10分	
参与态度	积极主动与老师、同学交流，相互尊重、理解、平等；与老师、同学之间能够保持多向、丰富、适宜的信息交流			10分	
沟通交流	能处理好合作学习和独立思考的关系，做到有效学习；能提出有意义的问题或能发表个人见解			10分	
知识能力获得	能收集旅游企业资料，写出可使用的数据搜集方法及特点			10分	

评价指标	评价内容	分数	分数评定
知识能力获得	能正确写出旅游渠道分析报告常用格式	10分	
	能绘制旅游渠道分析报告框架思维导图	10分	
	能撰写旅游销售渠道分析报告	10分	
思维态度	能发现问题、提出问题、分析问题、解决问题、创新问题	10分	
自评反馈	按时按质地完成任务，较好地掌握了知识点，具有较强的信息分析能力和理解能力，具有较为全面、严谨的思维能力，并能条理清楚、明晰地表述成文	10分	
自评分数			
有益的经验和做法			
总结反馈建议			

工作任务单 2

组号：_____　　姓名：_____　　学号：_____　　检索号：__4419-2__

小组内互评验收表

验收组长		组名		日期	年　月　日
组内验收成员					
任务要求	能收集旅游企业资料，写出可使用的数据搜集方法及特点；能正确写出旅游渠道分析报告常用格式；能绘制旅游渠道分析报告思维导图；能撰写旅游销售渠道分析报告				
验收文档清单	被验收者 4416-1 工作任务单 被验收者 4416-2 工作任务单 被验收者 4417-1 工作任务单				
	文献检索清单				

续表

	评分标准	分数	得分
验收评分	能收集旅游企业资料，写出可使用的数据搜集方法及特点，错1处扣5分	20分	
	能正确写出旅游渠道分析报告常用格式，错1处扣5分	20分	
	能绘制旅游渠道分析报告框架思维导图，错1处扣2分	20分	
	能撰写旅游销售渠道分析报告，错1处扣2分	20分	
	提供文献检索清单，少于5项，缺1项扣4分	20分	
评价分数			
不足之处			

工作任务单3

被评组号：_____ 检索号：___4419-3___

小组间互评表

班级		评价小组		日期	年　月　日
评价指标	评价内容			分数	分数评定
汇报表述	表述准确			15分	
	语言流畅			10分	
	准确反映该组完成情况			15分	
内容正确度	内容正确			30分	
	句型表达到位			30分	
互评分数					
简要评述					

工作任务单4

组号：＿＿＿＿＿ 姓名：＿＿＿＿＿ 学号：＿＿＿＿＿ 检索号：＿4419-4＿

任务完成情况评价表

任务名称	旅游销售渠道选择			总得分	

| 评价依据 | 学生完成的4416-1、4416-2工作任务单，学生完成的4417-1工作任务单，学生完成的4418-1工作任务单，学生完成的4419-1工作任务单 |

序号	任务内容及要求		配分	评分标准	教师评价	
					结论	得分
1	能收集旅游企业资料，写出可使用的数据搜集方法及特点	（1）描述准确	10分	缺1个要点扣1分		
		（2）语言流畅	10分	酌情赋分		
2	能正确写出旅游渠道分析报告常用格式	（1）描述准确	10分	缺1个要点扣1分		
		（2）语言流畅	10分	酌情赋分		
3	能绘制旅游渠道分析报告框架思维导图	（1）描述准确	10分	缺1个要点扣2分		
		（2）语言流畅	10分	酌情赋分		
4	能撰写旅游销售渠道分析报告	（1）描述准确	10分	缺1个要点扣2分		
		（2）语言流畅	10分	酌情赋分		
5	至少包含5项检索文献的目录清单	（1）数量	5分	少1项扣1分		
		（2）参考的主要内容要点	5分	酌情赋分		
6	素质素养评价	（1）沟通交流能力	10分	酌情赋分，但违反课堂纪律，不听从组长、教师安排的，不得分		
		（2）团队合作				
		（3）课堂纪律				
		（4）合作探学				
		（5）自主研学				
		（6）培养全局思维、大局意识				
		（7）培养全方位、多角度分析问题的能力				
		（8）培养诚实守信的意识				

任务二　旅游中间商管理

一、任务描述

搜集旅游中间商资料进行分析，选择适合旅游企业的中间商，进行中间商管理，画出中间商管理流程图。

二、学习目标

1. 知识目标

（1）掌握旅游中间商的概念与分类。

（2）掌握旅游中间商选择与调整方法。

2. 能力目标

（1）能客观评价并选择中间商。

（2）能通过旅游中间商管理调整渠道。

3. 素质素养目标

（1）培养全局思维、大局意识。

（2）培养全方位、多角度分析问题的能力。

（3）培养开拓创新意识。

三、重难点

1. 重点

旅游中间商的作用。

2. 难点

管理旅游中间商。

视频　旅游中间商管理

四、相关知识链接

旅游中间商管理

旅游渠道管理

旅游渠道分析报告

五、任务分组

学生任务分配表

班级		组号		指导教师	
组长		学号			
组员	姓名	学号		姓名	学号
任务分工					

六、自主探究

工作任务单 1

组号：＿＿＿＿＿　姓名：＿＿＿＿＿　学号：＿＿＿＿＿　检索号：＿4426-1＿

引导问题：

（1）认真分析旅游中间商资料，写出旅游中间商类型。

_____

_____

（2）写出旅游中间商评估标准。

_____

_____

工作任务单 2

组号：_____　　姓名：_____　　学号：_____　　检索号：___4426-2___

引导问题：

（1）写出调整渠道成员的方法。

_____

_____

（2）绘制渠道成员调整流程图。

七、合作研学

工作任务单

组号：_____　　姓名：_____　　学号：_____　　检索号：___4427-1___

引导问题：

（1）小组交流讨论，教师参与，优化中间商管理流程图。

（2）记录自己存在的不足。

_____

_____

八、展示赏学

工作任务单

组号：＿＿＿＿＿＿　姓名：＿＿＿＿＿＿　学号：＿＿＿＿＿＿　检索号：＿4428-1＿

引导问题：

每个小组推荐一位小组长，汇报渠道成员调整流程图，借鉴每组经验，进一步优化流程图。

九、评价反馈

工作任务单1

组号：＿＿＿＿＿＿　姓名：＿＿＿＿＿＿　学号：＿＿＿＿＿＿　检索号：＿4429-1＿

个人自评表

班级		组名		日期	年　月　日
评价指标	评价内容			分数	分数评定
信息检索能力	能有效利用网络、图书资源查找有用的相关信息等，能将查到的信息有效地传递到学习中			10分	
感知课堂生活	熟悉管理岗位，认同管理工作价值；在学习中能获得满足感，认同课堂文化			10分	
参与态度	积极主动与老师、同学交流，相互尊重、理解、平等；与老师、同学之间能够保持多向、丰富、适宜的信息交流			10分	

续表

评价指标	评价内容	分数	分数评定
沟通交流	能处理好合作学习和独立思考的关系，做到有效学习；能提出有意义的问题或能发表个人见解	10分	
知识能力获得	能写出旅游中间商的类型	10分	
	能写出旅游中间商的评估标准	10分	
	能写出调整渠道成员的方法	10分	
	能绘制渠道成员调整流程图	10分	
思维态度	能发现问题、提出问题、分析问题、解决问题、创新问题	10分	
自评反馈	按时按质地完成任务，较好地掌握了知识点，具有较强的信息分析能力和理解能力，具有较为全面、严谨的思维能力，并能条理清楚、明晰地表述成文	10分	
自评分数			
有益的经验和做法			
总结反馈建议			

工作任务单2

组号：_____ 姓名：_____ 学号：_____ 检索号：__4429-2__

小组内互评验收表

验收组长		组名		日期	年 月 日
组内验收成员					
任务要求	能收集旅游企业资料，写出旅游中间商类型；能正确写出旅游中间商评估标准；能写出调整渠道成员的方法；绘制渠道成员调整流程图				
验收文档清单	被验收者4426-1工作任务单 被验收者4426-2工作任务单 被验收者4427-1工作任务单				
	文献检索清单				

	评分标准	分数	得分
验收评分	能收集企业资料，写出旅游中间商类型，错1处扣5分	20分	
	能正确写出旅游中间商评估标准，错1处扣5分	20分	
	写出调整旅游渠道成员的方法，错1处扣2分	20分	
	能绘制旅游渠道成员调整流程图，错1处扣2分	20分	
	提供文献检索清单，少于5项，缺1项扣4分	20分	
评价分数			
不足之处			

工作任务单3

被评组号：_____　　检索号：__4429-3__

小组间互评表

班级		评价小组		日期	年　月　日
评价指标	评价内容			分数	分数评定
汇报表述	表述准确			15分	
	语言流畅			10分	
	准确反映该组完成情况			15分	
内容正确度	内容正确			30分	
	句型表达到位			30分	
互评分数					
简要评述					

工作任务单 4

组号：＿＿＿＿＿＿　姓名：＿＿＿＿＿＿　学号：＿＿＿＿＿＿　检索号：＿4429-4＿

任务完成情况评价表

任务名称		旅游中间商管理			总得分	
评价依据		学生完成的 4426-1、4426-2 工作任务单，学生完成的 4427-1 工作任务单，学生完成的 4428-1 工作任务单，学生完成的 4429-1 工作任务单				
序号	任务内容及要求		配分	评分标准	教师评价	
					结论	得分
1	能收集旅游中间商资料，写出旅游中间商类型	（1）描述准确	10分	缺1个要点扣1分		
		（2）语言流畅	10分	酌情赋分		
2	能正确写出旅游中间商评估标准	（1）描述准确	10分	缺1个要点扣1分		
		（2）语言流畅	10分	酌情赋分		
3	能写出调整渠道成员的方法	（1）描述准确	10分	缺1个要点扣2分		
		（2）语言流畅	10分	酌情赋分		
4	能绘制渠道成员调整流程图	（1）描述准确	10分	缺1个要点扣2分		
		（2）语言流畅	10分	酌情赋分		
5	至少包含5项检索文献的目录清单	（1）数量	5分	少1项扣1分		
		（2）参考的主要内容要点	5分	酌情赋分		
6	素质素养评价	（1）沟通交流能力	10分	酌情赋分，但违反课堂纪律，不听从组长、教师安排的，不得分		
		（2）团队合作				
		（3）课堂纪律				
		（4）合作探学				
		（5）自主研学				
		（6）培养全局意识、大局意识				
		（7）培养全方位、多角度分析问题的能力				
		（8）培养开拓创新的意识				

模块五　客户关系管理

项目十三

客户关系认知

任务一　客户分类

一、任务描述

掌握客户分类的概念、方法，画出管理客户的鱼骨图。

二、学习目标

1. 知识目标

（1）掌握客户分类方法。

（2）熟悉客户管理方法。

2. 能力目标

（1）能进行客户分类。

（2）能管理客户。

3. 素质素养目标

（1）培养以客户为中心的意识。

（2）培养服务意识。

（3）培养全局意识、大局意识。

三、重难点

1. 重点

客户分类方法。

2. 难点

客户管理。

视频　客户分类

四、相关知识链接

客户分类

五、任务分组

学生任务分配表

班级		组号		指导教师	
组长		学号			
组员	姓名	学号	姓名	学号	
任务分工					

六、自主探究

工作任务单

组号：_____　姓名：_____　学号：_____　检索号：__5116-1__

引导问题：

（1）写出客户分类的概念和方法。

_____

_____

（2）画出管理客户的鱼骨图。

七、合作研学

工作任务单

组号：_____　　姓名：_____　　学号：_____　　检索号：__5117-1__

引导问题：

（1）小组交流讨论，教师参与，优化管理客户鱼骨图。

（2）记录自己存在的不足。

_____

_____

八、展示赏学

工作任务单

组号：_____　　姓名：_____　　学号：_____　　检索号：__5118-1__

引导问题：

每个小组推荐一位小组长，汇报管理客户鱼骨图，借鉴每组经验，进一步优化鱼骨图。

九、评价反馈

工作任务单 1

组号：＿＿＿＿＿　姓名：＿＿＿＿＿　学号：＿＿＿＿＿　检索号：＿5119-1＿

个人自评表

班级		组名		日期	年　月　日
评价指标	评价内容			分数	分数评定
信息检索能力	能有效利用网络、图书资源查找有用的相关信息等，能将查到的信息有效地传递到学习中			10分	
感知课堂生活	熟悉客服岗位，认同客服工作价值；在学习中能获得满足感，认同课堂文化			10分	
参与态度	积极主动与老师、同学交流，相互尊重、理解、平等；与老师、同学之间能够保持多向、丰富、适宜的信息交流			20分	
沟通交流	能处理好合作学习和独立思考的关系，做到有效学习；能提出有意义的问题或能发表个人见解			10分	
对课程的认识	写出客户分类概念与方法			20分	
	画出管理客户鱼骨图			10分	
思维态度	能发现问题、提出问题、分析问题、解决问题、创新问题			10分	
自评反馈	按时按质地完成任务，较好地掌握了知识点，具有较强的信息分析能力和理解能力，具有较为全面、严谨的思维能力，并能条理清楚、明晰地表述成文			10分	
自评分数					

续表

有益的经验和做法	
总结反馈建议	

工作任务单2

组号：_____ 姓名：_____ 学号：_____ 检索号：__5119-2__

小组内互评验收表

验收组长		组名		日期	年　月　日
组内验收成员					
任务要求	能正确写出客户分类的概念与方法，能绘制管理客户鱼骨图				
验收文档清单	被验收者5116-1工作任务单 被验收者5117-1工作任务单				
	文献检索清单				

验收评分	评分标准	分数	得分
	能正确写出客户分类的概念与方法，错1处扣5分	40分	
	能绘制管理客户鱼骨图，错1处扣2分	40分	
	提供文献检索清单，少于5项，缺1项扣4分	20分	
评价分数			
不足之处			

工作任务单 3

被评组号：＿＿＿＿＿＿＿＿＿＿＿＿＿＿＿＿＿　　　检索号：　5119-3

小组间互评表

班级		评价小组		日期	年 月 日
评价指标	评价内容			分数	分数评定
汇报表述	表述准确			15 分	
	语言流畅			10 分	
	准确反映该组完成情况			15 分	
内容正确度	内容正确			30 分	
	句型表达到位			30 分	
互评分数					
简要评述					

工作任务单 4

组号：＿＿＿＿　姓名：＿＿＿＿　学号：＿＿＿＿　检索号：　5119-4

任务完成情况评价表

任务名称	客户分类			总得分		
评价依据	学生完成的 5116-1 工作任务单，学生完成的 5117-1 工作任务单，学生完成的 5118-1 工作任务单，学生完成的 5119-1 工作任务单					
序号	任务内容及要求		配分	评分标准	教师评价	
					结论	得分
1	能正确写出客户分类概念与方法	（1）描述准确	20 分	缺 1 个要点扣 1 分		
		（2）语言流畅	20 分	酌情赋分		

续表

序号	任务内容及要求		配分	评分标准	教师评价	
					结论	得分
2	能绘制管理客户鱼骨图	（1）描述准确	20分	缺1个要点扣1分		
		（2）语言流畅	20分	酌情赋分		
3	至少包含5项检索文献的目录清单	（1）数量	5分	少1项扣1分		
		（2）参考的主要内容要点	5分	酌情赋分		
4	素质素养评价	（1）沟通交流能力	10分	酌情赋分，但违反课堂纪律，不听从组长、教师安排的，不得分		
		（2）团队合作				
		（3）课堂纪律				
		（4）合作探学				
		（5）自主研学				
		（6）培养以客户为中心的意识				
		（7）培养服务意识				
		（8）培养诚实守信的意识				

任务二　客户关系维持

一、任务描述

认真分析客户信息，做好客户关怀，保持互动，进行有效沟通，实施客户管理，绘制客户关系管理流程图。

二、学习目标

1.知识目标

（1）掌握客户关系的概念及内涵。

（2）掌握客户信息的内容。

（3）掌握客户关怀的目的、内容和方法。

（4）掌握客户互动的技巧。

（5）掌握客户沟通的内容、原则。

2. 能力目标

（1）能进行客户信息管理。

（2）能实施客户管理。

3. 素养目标

（1）培养以客户为中心的意识。

（2）培养服务意识。

（3）培养全局意识、大局意识。

三、重难点

1. 重点

客户关系管理、客户关怀、客户有效沟通。

2. 难点

客户关系管理。

视频　客户关系维持

四、相关知识链接

客户关系维持

五、任务分组

学生任务分配表

班级		组号		指导教师	
组长		学号			
组员	姓名	学号		姓名	学号

续表

组员	姓名	学号	姓名	学号
任务分工				

六、自主探究

工作任务单

组号：_____   姓名：_____   学号：_____   检索号：__5126-1__

引导问题：

（1）写出客户关系的概念及内涵。

_____

_____

（2）写出客户关怀的目的、内容。

_____

_____

（3）写出客户沟通的内容和原则。

_____

_____

（4）绘制客户关系管理流程图。

七、合作研学

工作任务单

组号：＿＿＿＿＿＿　姓名：＿＿＿＿＿＿　学号：＿＿＿＿＿＿　检索号：＿5127–1＿

引导问题：

（1）小组交流讨论，教师参与，优化客户关系管理流程图。

（2）记录自己存在的不足。

_____

_____

八、展示赏学

工作任务单

组号：＿＿＿＿＿＿　姓名：＿＿＿＿＿＿　学号：＿＿＿＿＿＿　检索号：＿5128–1＿

引导问题：

每个小组推荐一位小组长，汇报客户管理流程图，借鉴每组经验，进一步优化流程图。

九、评价反馈

工作任务单 1

组号：_____ 姓名：_____ 学号：_____ 检索号：__5129-1__

个人自评表

班级		组名		日期	年　月　日
评价指标	评价内容			分数	分数评定
信息检索能力	能有效利用网络、图书资源查找有用的相关信息等，能将查到的信息有效地传递到学习中			10分	
感知课堂生活	熟悉客服岗位，认同客服工作的价值；在学习中能获得满足感，认同课堂文化			10分	
参与态度	积极主动与老师、同学交流，相互尊重、理解、平等；与老师、同学之间能够保持多向、丰富、适宜的信息交流			10分	
沟通交流	能处理好合作学习和独立思考的关系，做到有效学习；能提出有意义的问题或能发表个人见解			10分	
对课程的认识	写出客户关系的概念和内涵			10分	
	写出客户关怀的目的和内容			10分	
	写出客户沟通的内容和原则			10分	
	画出客户关系管理流程图			10分	
思维态度	能发现问题、提出问题、分析问题、解决问题、创新问题			10分	
自评反馈	按时按质地完成任务，较好地掌握了知识点，具有较强的信息分析能力和理解能力，具有较为全面、严谨的思维能力，并能条理清楚、明晰地表述成文			10分	
自评分数					
有益的经验和做法					
总结反馈建议					

工作任务单 2

组号：＿＿＿＿＿　姓名：＿＿＿＿＿　学号：＿＿＿＿＿　检索号：　5129-2

小组内互评验收表

验收组长		组名		日期	年　月　日
组内验收成员					
任务要求	能写出客户关系概念及内涵，能写出客户关怀的目的、内容，能写出客户沟通的内容和原则，能绘制客户关系管理流程图				
验收文档清单	被验收者 5126-1 工作任务单 被验收者 5127-1 工作任务单 文献检索清单				
验收评分	**评分标准**			**分数**	**得分**
	能正确写出客户关系概念及内涵，错 1 处扣 5 分			20 分	
	能写出客户关怀的目的、内容，错 1 处扣 2 分			20 分	
	能写出客户沟通的内容和原则，错 1 处扣 5 分			20 分	
	能绘制客户关系管理流程图，错 1 处扣 5 分			20 分	
	提供文献检索清单，少于 5 项，缺 1 项扣 4 分			20 分	
评价分数					
不足之处					

工作任务单 3

被评组号：＿＿＿＿＿＿＿＿＿＿＿＿＿＿＿＿＿＿＿　检索号：　5129-3

小组间互评表

班级		评价小组		日期	年　月　日
评价指标	**评价内容**			**分数**	**分数评定**
汇报表述	表述准确			15 分	

续表

评价指标	评价内容	分数	分数评定
汇报表述	语言流畅	10分	
	准确反映该组完成情况	15分	
内容正确度	内容正确	30分	
	句型表达到位	30分	
互评分数			
简要评述			

工作任务单4

组号：_____ 姓名：_____ 学号：_____ 检索号：__5129-4__

任务完成情况评价表

任务名称	客户关系维持			总得分	
评价依据	学生完成的5126-1工作任务单，学生完成的5127-1工作任务单，学生完成的5128-1工作任务单，学生完成的5129-1工作任务单				

序号	任务内容及要求		配分	评分标准	教师评价	
					结论	得分
1	写出客户关系概念及内涵	（1）描述准确	10分	缺1个要点扣1分		
		（2）语言流畅	10分	酌情赋分		
2	写出客户关怀的目的、内容	（1）描述准确	10分	缺1个要点扣1分		
		（2）语言流畅	10分	酌情赋分		
3	写出客户沟通的内容和原则	（1）描述准确	10分	缺1个要点扣1分		
		（2）语言流畅	10分	酌情赋分		
4	画出客户关系管理流程图	（1）描述准确	10分	缺1个要点扣1分		
		（2）语言流畅	10分	酌情赋分		

续表

序号	任务内容及要求		配分	评分标准	教师评价	
					结论	得分
5	至少包含5项检索文献的目录清单	（1）数量	5分	少1项扣1分		
		（2）参考的主要内容要点	5分	酌情赋分		
6	素质素养评价	（1）沟通交流能力	10分	酌情赋分，但违反课堂纪律，不听从组长、教师安排的，不得分		
		（2）团队合作				
		（3）课堂纪律				
		（4）合作探学				
		（5）自主研学				
		（6）培养以客户为中心的意识				
		（7）培养服务意识				
		（8）培养全局意识、大局意识				

项目十四

客户满意度评价

任务　客户满意度调查与分析

一、任务描述

掌握客户满意度调查方法，撰写客户满意度分析报告。

二、学习目标

1. 知识目标

（1）掌握客户满意度的概念。

（2）掌握提高客户满意度的方法。

2. 能力目标

（1）能进行客户满意度调查。

（2）能撰写客户满意度分析报告。

3. 素养目标

（1）培养以客户为中心的意识。

（2）培养服务意识。

（3）培养全局意识、大局意识。

（4）培养诚实守信的意识。

三、重难点

1. 重点

客户满意度调查。

2. 难点

撰写客户满意度分析报告。

视频　客户满意度调查与分析

四、相关知识链接

客户满意度调查与分析

五、任务分组

学生任务分配表

班级		组号		指导教师	
组长		学号			
	姓名	学号		姓名	学号
组员					
任务分工					

六、自主探究

工作任务单

组号：＿＿＿＿＿＿　姓名：＿＿＿＿＿＿　学号：＿＿＿＿＿＿　检索号：＿＿5216-1＿＿

引导问题：

（1）写出客户满意度的概念及衡量方式。

_____

_____

（2）写出影响客户满意度的因素。

_____

_____

（3）设计客户满意度调查问卷。

_____

_____

（4）撰写客户满意度调查分析报告。

_____

_____

_____

_____

七、合作研学

工作任务单 1

组号：_____   姓名：_____   学号：_____   检索号：__5217-1__

引导问题：

（1）小组交流讨论，教师参与，优化客户满意度调查问卷。

（2）记录自己存在的不足。

_____

_____

工作任务单 2

组号：_____   姓名：_____   学号：_____   检索号：__5217-2__

引导问题：

（1）小组交流讨论，教师参与，优化客户满意度调查分析报告。

（2）记录自己存在的不足。

_____

_____

八、展示赏学

工作任务单

组号：_____   姓名：_____   学号：_____   检索号：__5218-1__

引导问题：

每个小组推荐一位小组长，汇报客户满意度调查分析报告。

九、评价反馈

工作任务单1

组号：_____　　姓名：_____　　学号：_____　　检索号：　5219-1

个人自评表

班级		组名		日期	年　月　日
评价指标	评价内容			分数	分数评定
信息检索能力	能有效利用网络、图书资源查找有用的相关信息等，能将查到的信息有效地传递到学习中			10分	
感知课堂生活	熟悉客服岗位，认同客服工作价值；在学习中能获得满足感，认同课堂文化			10分	
参与态度	积极主动与老师、同学交流，相互尊重、理解、平等；与老师、同学之间能够保持多向、丰富、适宜的信息交流			10分	
沟通交流	能处理好合作学习和独立思考的关系，做到有效学习；能提出有意义的问题或能发表个人见解			10分	
对课程的认识	写出客户满意度概念及衡量方式			10分	
	写出影响客户满意度的因素			10分	
	设计客户满意度调查问卷			10分	
	撰写客户满意度调查分析报告			10分	
思维态度	能发现问题、提出问题、分析问题、解决问题、创新问题			10分	
自评反馈	按时按质地完成任务，较好地掌握了知识点，具有较强的信息分析能力和理解能力，具有较为全面、严谨的思维能力，并能条理清楚、明晰地表述成文			10分	
自评分数					
有益的经验和做法					
总结反馈建议					

工作任务单 2

组号：_____　姓名：_____　学号：_____　检索号：__5219-2__

小组内互评验收表

验收组长		组名		日期	年　月　日
组内验收成员					
任务要求	能写出客户满意度的概念及衡量方式，能写出影响客户满意度的因素，能设计客户满意度调查问卷，能撰写客户满意度调查分析报告				
验收文档清单	被验收者 5216-1 工作任务单 被验收者 5217-1 工作任务单 被验收者 5217-2 工作任务单 文献检索清单				
验收评分	**评分标准**			**分数**	**得分**
	能正确写出客户满意度的概念及衡量方式，错 1 处扣 5 分			20 分	
	能写出影响客户满意度的因素，错 1 处扣 2 分			20 分	
	能设计客户满意度调查问卷，错 1 处扣 5 分			20 分	
	撰写客户满意度调查分析报告，错 1 处扣 5 分			20 分	
	提供文献检索清单，少于 5 项，缺 1 项扣 4 分			20 分	
	评价分数				
不足之处					

工作任务单 3

被评组号：_____　检索号：__5219-3__

小组间互评表

班级		评价小组		日期	年　月　日
评价指标	**评价内容**			**分数**	**分数评定**
汇报表述	表述准确			15 分	

评价指标	评价内容	分数	分数评定
汇报表述	语言流畅	10分	
	准确反映该组完成情况	15分	
内容正确度	内容正确	30分	
	句型表达到位	30分	
互评分数			
简要评述			

工作任务单4

组号：_____　　姓名：_____　　学号：_____　　检索号：___5219-4___

任务完成情况评价表

任务名称	客户满意度调查与分析			总得分		
评价依据	学生完成的5216-1工作任务单，学生完成的5217-1、5217-2工作任务单，学生完成的5218-1工作任务单，学生完成的5219-1工作任务单					
序号	任务内容及要求		配分	评分标准	教师评价	
					结论	得分
1	能正确写出客户满意度概念及衡量方式	（1）描述准确	10分	缺1个要点扣1分		
		（2）语言流畅	10分	酌情赋分		
2	能写出影响客户满意度的因素	（1）描述准确	10分	缺1个要点扣1分		
		（2）语言流畅	10分	酌情赋分		
3	能设计客户满意度调查问卷	（1）描述准确	10分	缺1个要点扣1分		
		（2）语言流畅	10分	酌情赋分		

续表

序号	任务内容及要求		配分	评分标准	教师评价	
					结论	得分
4	能撰写客户满意度调查分析报告	（1）描述准确	10分	缺1个要点扣1分		
		（2）语言流畅	10分	酌情赋分		
5	至少包含5项检索文献的目录清单	（1）数量	5分	少1项扣1分		
		（2）参考的主要内容要点	5分	酌情赋分		
6	素质素养评价	（1）沟通交流能力	10分	酌情赋分，但违反课堂纪律，不听从组长、教师安排的，不得分		
		（2）团队合作				
		（3）课堂纪律				
		（4）合作探学				
		（5）自主研学				
		（6）培养以客户为中心的意识				
		（7）培养服务意识				
		（8）培养全局意识、大局意识				
		（9）培养诚实守信的意识				

项目十五
客户终身价值分析

任务一　客户忠诚度分析

一、任务描述
掌握客户忠诚度的分析方法，撰写客户忠诚度分析报告。

二、学习目标

1. 知识目标
（1）掌握客户忠诚度的概念。
（2）掌握提高客户忠诚度的方法。

2. 能力目标
能进行客户忠诚度分析。

3. 素养目标
（1）培养以客户为中心的意识。
（2）培养服务意识。
（3）培养全局意识、大局意识。
（4）培养诚实守信的意识。

三、重难点

1. 重点
客户忠诚度分类，提高忠诚度的方法。

2. 难点
撰写客户忠诚度分析报告。

视频　客户忠诚度分析

四、相关知识链接

客户忠诚度分析

五、任务分组

学生任务分配表

班级		组号		指导教师	
组长		学号			
组员	姓名	学号	姓名	学号	
任务分工					

六、自主探究

工作任务单

组号：_____　姓名：_____　学号：_____　检索号：___5316-1___

引导问题：

（1）写出客户忠诚度的概念及分类。

_____

_____

（2）写出提高客户忠诚度的方法。

_____

_____

（3）写出影响客户忠诚度的因素。

_____

_____

（4）撰写客户忠诚度分析报告。

七、合作研学

工作任务单

组号：_____　姓名：_____　学号：_____　检索号：　5317-1

引导问题：

（1）小组交流讨论，教师参与，优化客户忠诚度分析报告。

（2）记录自己存在的不足。

_____

_____

八、展示赏学

工作任务单

组号：_____　姓名：_____　学号：_____　检索号：　5318-1

引导问题：

每个小组推荐一位小组长，汇报客户忠诚度分析报告。

九、评价反馈

工作任务单 1

组号：_____　姓名：_____　学号：_____　检索号：　5319-1

个人自评表

班级		组名		日期	年　月　日
评价指标	评价内容			分数	分数评定
信息检索能力	能有效利用网络、图书资源查找有用的相关信息等，能将查到的信息有效地传递到学习中			10 分	

续表

评价指标	评价内容	分数	分数评定
感知课堂生活	熟悉客服岗位，认同客服工作价值；在学习中能获得满足感，认同课堂文化	10分	
参与态度	积极主动与老师、同学交流，相互尊重、理解、平等；与老师、同学之间能够保持多向、丰富、适宜的信息交流	10分	
沟通交流	能处理好合作学习和独立思考的关系，做到有效学习；能提出有意义的问题或能发表个人见解	10分	
对课程的认识	写出客户忠诚度的概念及分类	10分	
	写出提高客户忠诚度的方法	10分	
	写出影响客户忠诚度的因素	10分	
	撰写客户忠诚度分析报告	10分	
思维态度	能发现问题、提出问题、分析问题、解决问题、创新问题	10分	
自评反馈	按时按质地完成任务，较好地掌握了知识点，具有较强的信息分析能力和理解能力，具有较为全面、严谨的思维能力，并能条理清楚、明晰地表述成文	10分	
自评分数			
有益的经验和做法			
总结反馈建议			

工作任务单 2

组号：_____ 姓名：_____ 学号：_____ 检索号：5319-2

小组内互评验收表

验收组长		组名		日期	年　月　日
组内验收成员					
任务要求	能写出客户忠诚度的概念及分类，能写出提高客户忠诚度的方法，能写出影响客户忠诚度的因素，能撰写客户忠诚度分析报告				

验收文档清单	被验收者 5316-1 工作任务单 被验收者 5317-1 工作任务单		
	文献检索清单		
验收评分	**评分标准**	**分数**	**得分**
	能写出客户忠诚度的概念及分类，错1处扣5分	20分	
	能写出提高客户忠诚度的方法，错1处扣2分	20分	
	能写出影响客户忠诚度的因素，错1处扣5分	20分	
	撰写客户忠诚度分析报告，错1处扣5分	20分	
	提供文献检索清单，少于5项，缺1项扣4分	20分	
评价分数			
不足之处			

工作任务单 3

被评组号：_____　　　　检索号：__5319-3__

小组间互评表

班级		评价小组		日期	年　月　日
评价指标	**评价内容**			**分数**	**分数评定**
汇报表述	表述准确			15分	
	语言流畅			10分	
	准确反映该组完成情况			15分	
内容 正确度	内容正确			30分	
	句型表达到位			30分	
互评分数					
简要评述					

工作任务单 4

组号：＿＿＿＿＿＿　姓名：＿＿＿＿＿＿　学号：＿＿＿＿＿＿　检索号：　5319-4

任务完成情况评价表

任务名称		客户忠诚度分析			总得分	
评价依据		学生完成的 5316-1 工作任务单，学生完成的 5317-1 工作任务单，学生完成的 5318-1 工作任务单，学生完成的 5319-1 工作任务单				
序号	任务内容及要求		配分	评分标准	教师评价	
					结论	得分
1	能正确写出客户忠诚度的概念及分类	（1）描述准确	10 分	缺 1 个要点扣 1 分		
		（2）语言流畅	10 分	酌情赋分		
2	能写出提高客户忠诚度的方法	（1）描述准确	10 分	缺 1 个要点扣 1 分		
		（2）语言流畅	10 分	酌情赋分		
3	能写出影响客户忠诚度的因素	（1）描述准确	10 分	缺 1 个要点扣 1 分		
		（2）语言流畅	10 分	酌情赋分		
4	能撰写客户忠诚度分析报告	（1）描述准确	10 分	缺 1 个要点扣 1 分		
		（2）语言流畅	10 分	酌情赋分		
5	至少包含 5 项检索文献的目录清单	（1）数量	5 分	少 1 项扣 1 分		
		（2）参考的主要内容要点	5 分	酌情赋分		
6	素质素养评价	（1）沟通交流能力	10 分	酌情赋分，但违反课堂纪律，不听从组长、教师安排的，不得分		
		（2）团队合作				
		（3）课堂纪律				
		（4）合作探学				
		（5）自主研学				
		（6）培养以客户为中心的意识				

续表

序号	任务内容及要求		配分	评分标准	教师评价	
					结论	得分
6	素质素养评价	（7）培养服务意识				
		（8）培养全局意识、大局意识				
		（9）培养诚实守信的意识				

任务二　客户终身价值分析

一、任务描述

掌握客户终身价值分析方法，绘制客户终身价值分析流程图。

二、学习目标

1. 知识目标

（1）掌握客户价值、客户让渡价值、客户终身价值的概念。

（2）掌握分析客户终身价值的主要步骤。

（3）掌握终身价值的评价方法。

2. 能力目标

（1）能计算客户终身价值。

（2）能绘制客户终身价值分析流程图。

3. 素养目标

（1）培养以客户为中心的意识。

（2）培养服务意识。

（3）培养全局意识、大局意识。

（4）培养诚实守信的意识。

三、重难点

1. 重点

客户终身价值评价的方法和步骤。

2. 难点

计算客户终身价值。

视频　客户终身价值分析

四、相关知识链接

客户终身价值分析

五、任务分组

学生任务分配表

班级		组号		指导教师	
组长		学号			
组员	姓名	学号	姓名	学号	
任务分工					

六、自主探究

工作任务单

组号：_____　姓名：_____　学号：_____　检索号：____5326-1____

引导问题：

（1）写出客户价值、客户让渡价值、客户终身价值的概念。

_____

_____

（2）写出影响客户终身价值的因素。

_____

_____

（3）绘制客户终身价值分析流程图。

```
┌─────────────────────────────────────────────┐
│                                             │
│                                             │
│                                             │
│                                             │
│                                             │
│                                             │
│                                             │
│                                             │
└─────────────────────────────────────────────┘
```

（4）撰写客户终身价值分析报告。

七、合作研学

工作任务单

组号：_____　　姓名：_____　　学号：_____　　检索号：__5327-1__

引导问题：

（1）小组交流讨论，教师参与，优化客户终身价值分析流程图和客户终身价值分析报告。

```
┌─────────────────────────────────────────────┐
│                                             │
│                                             │
│                                             │
│                                             │
│                                             │
│                                             │
│                                             │
└─────────────────────────────────────────────┘
```

（2）记录自己存在的不足。

_____

_____

八、展示赏学

工作任务单

组号：_____ 姓名：_____ 学号：_____ 检索号：　5328-1

引导问题：

每个小组推荐一位小组长，汇报客户终身价值分析流程图和客户终身价值分析报告。

九、评价反馈

工作任务单 1

组号：_____ 姓名：_____ 学号：_____ 检索号：　5329-1

个人自评表

班级		组名		日期	年　月　日
评价指标	评价内容			分数	分数评定
信息检索能力	能有效利用网络、图书资源查找有用的相关信息等，能将查到的信息有效地传递到学习中			10分	
感知课堂生活	熟悉客服岗位，认同客服工作价值；在学习中能获得满足感，认同课堂文化			10分	
参与态度	积极主动与老师、同学交流，相互尊重、理解、平等；与老师、同学之间能够保持多向、丰富、适宜的信息交流			10分	
沟通交流	能处理好合作学习和独立思考的关系，做到有效学习；能提出有意义的问题或能发表个人见解			10分	
对课程的认识	写出客户价值、客户让渡价值、客户终身价值的概念			10分	
	写出影响客户终身价值的因素			10分	
	绘制客户终身价值分析流程图			10分	
	撰写客户终身价值分析报告			10分	
思维态度	能发现问题、提出问题、分析问题、解决问题、创新问题			10分	

续表

评价指标	评价内容	分数	分数评定
自评反馈	按时按质地完成任务，较好地掌握了知识点，具有较强的信息分析能力和理解能力，具有较为全面、严谨的思维能力，并能条理清楚、明晰地表述成文	10分	
自评分数			
有益的经验和做法			
总结反馈建议			

工作任务单 2

组号：_____　姓名：_____　学号：_____　检索号：___5329-2___

小组内互评验收表

验收组长		组名		日期	年　月　日
组内验收成员					
任务要求	写出客户价值、客户让渡价值、客户终身价值的概念，写出影响客户终身价值的因素，绘制客户终身价值分析流程图，撰写客户终身价值分析报告				
验收文档清单	被验收者 5326-1 工作任务单 被验收者 5327-1 工作任务单				
	文献检索清单				
	评分标准		**分数**	**得分**	
验收评分	能写出客户价值、客户让渡价值、客户终身价值的概念，错 1 处扣 5 分		20分		
	能写出影响客户终身价值的因素，错 1 处扣 2 分		20分		
	能绘制客户终身价值分析流程图，错 1 处扣 5 分		20分		
	能撰写客户终身价值分析报告，错 1 处扣 5 分		20分		
	提供文献检索清单，少于 5 项，缺 1 项扣 4 分		20分		
	评价分数				

续表

不足之处	

工作任务单 3

被评组号：＿＿＿＿＿＿＿＿＿＿＿＿＿＿＿＿＿　　　检索号：＿5329-3＿

小组间互评表

班级		评价小组		日期	年　月　日
评价指标	评价内容			分数	分数评定
汇报表述	表述准确			15 分	
	语言流畅			10 分	
	准确反映该组完成情况			15 分	
内容 正确度	内容正确			30 分	
	句型表达到位			30 分	
互评分数					
简要评述					

工作任务单 4

组号：＿＿＿＿　姓名：＿＿＿＿＿　学号：＿＿＿＿＿　检索号：＿5329-4＿

任务完成情况评价表

任务名称	客户终身价值分析	总得分	
评价依据	学生完成的 5326-1 工作任务单，学生完成的 5327-1 工作任务单，学生完成的 5328-1 工作任务单，学生完成的 5329-1 工作任务单		

续表

序号	任务内容及要求		配分	评分标准	教师评价	
					结论	得分
1	能正确写出客户价值、客户让渡价值、客户终身价值的概念	（1）描述准确	10分	缺1个要点扣1分		
		（2）语言流畅	10分	酌情赋分		
2	能写出影响客户终身价值的因素	（1）描述准确	10分	缺1个要点扣1分		
		（2）语言流畅	10分	酌情赋分		
3	能绘制客户终身价值分析流程图	（1）描述准确	10分	缺1个要点扣1分		
		（2）语言流畅	10分	酌情赋分		
4	能撰写客户终身价值分析报告	（1）描述正确	10分	缺1个要点扣1分		
		（2）语言流畅	10分	酌情赋分		
5	至少包含5项检索文献的目录清单	（1）数量	5分	少1项扣1分		
		（2）参考的主要内容要点	5分	酌情赋分		
6	素质素养评价	（1）沟通交流能力	10分	酌情赋分，但违反课堂纪律，不听从组长、教师安排的，不得分		
		（2）团队合作				
		（3）课堂纪律				
		（4）合作探学				
		（5）自主研学				
		（6）培养以客户为中心的意识				
		（7）培养服务意识				
		（8）培养全局意识、大局意识				
		（9）培养诚实守信的意识				

［1］陈雪阳，吕沛，毛娟．旅游市场营销［M］．桂林：广西师范大学出版社，2020．

［2］耿燕，周诗涛．旅游市场营销［M］．北京：中国言实出版社，2020．

［3］菲利普·科特勒，约翰·T.鲍文，詹姆斯·C.麦肯斯．旅游市场营销［M］．6版．谢彦君，李淼，郭英，等译．北京：清华大学出版社，2017．

［4］张娟飞，袁鹏，杨家娣．酒店市场营销［M］．长沙：湖南师范大学出版社，2020．

［5］周翀燕．高端度假型酒店市场营销环境分析：以杭州安缦法云酒店为例［J］．商业经济，2017（12）：78-79．

［6］吕沛．重庆两江影视城发展战略研究［D］．南宁：广西大学，2018．

［7］吴健安，聂元昆．市场营销学［M］．5版．北京：高等教育出版社，2014．

［8］菲利普·科特勒，凯文·莱恩·凯勒．营销管理［M］．王永贵，于洪彦，何佳讯，等译．上海：格致出版社，2009．

［9］苏朝晖．消费者的购买行为与购买风险［J］．商业时代，2003（14）：20-21．

［10］马丽霞，喻晓玲，杨洁明．基于SWOT定量法的塔克拉玛干沙漠旅游开发战略研究［J］．企业经济，2015，34（2）：148-151．

［11］倪春华．涪陵发展生产性服务业SWOT分析［J］．现代商贸工业，2016，37（17）：14-16．

［12］刘白云，田至美．基于AHP-SWOT分析的影视城发展战略：以横店影视城为例［J］．首都师范大学学报（自然科学版），2016，37（6）：93-97．

［13］梁坤，徐秀美．SWOT定量分析在旅游发展战略中的应用：以新疆民俗旅游为例［J］．四川烹饪高等专科学校学报，2012（5）：34-36．

［14］廖钟迪．旅游市场营销［M］．武汉：华中科技大学出版社，2020．

［15］梁昭．旅游市场营销［M］．3版．北京：中国人民大学出版社，2019．

［16］刘晓琳，谢璐，徐富民 . 旅游市场营销［M］. 2 版 . 南京 : 南京师范大学出版社，
　　　2019.

［17］张颖，伍新蕾 . 旅游市场营销［M］. 大连 : 东北财经大学出版社，2016.

［18］吴勇，燕艳 . 市场营销［M］. 6 版 . 北京 : 高等教育出版社，2020.

［19］郑忠阳，张春华 . 旅游市场营销［M］. 成都 : 西南财经大学出版社，2021.

［20］董倩，张荣娟 . 旅游市场营销实务［M］. 北京 : 北京理工大学出版社，2018.

［21］苏朝晖 . 客户关系管理 : 客户关系的建立与维护［M］. 4 版 . 北京 : 清华大学出版
　　　社，2018.

［22］王瑶，黄芳 . 客户关系管理项目式教程［M］. 北京 : 人民邮电出版社，2015.